KB268900

英韓대역판

유머상

한국경제신문 연재 「海外유머」 걸작선

제 3 집

머 리 말

『한국경제신문』에 「海外유머」라는 제목으로 영한대역형 우스갯소리가 실리기 시작한 것은 1980년 12월. 그러니까 10년도 더 되도록 이 신문은 일요 인생상담(「어찌하오리까」)이 실리는 일요일자를 제외하고는 단 한 번도 거르지 않고 이것을 실어 왔다.

해외유머가 이렇듯 오랜 동안 그 명맥을 유지하면서 새로운 기록같은 것을 수립할 수 있었던 것은 한마디로 독자들의 성원이 있었기 때문이었다. 독자들이 보내온 이런저런 반응들은 이 농담판을 만들어내는데 많은 참고가 되었다.

독자들이 무엇보다도 궁금해 하는 것은 소재가 어디서 왔느냐 하는 점이었다.

한마디로 아주 다양하다. 뭐니뭐니해도 가장 중요한 자

료는 조크를 다룬 영어책들이다(물론 만화책들도 포함된다). 이들 영문책자들은 해외에서 인편을 통해 들어오기도 하고 국내의 고본점에서 입수하기도 한다. 그리고 미군 기지촌을 다니면서 유머와 관련된 헌 책들을 주기적으로 수집해 주는 고본상의 도움도 컸다.

이런 식으로 입수된 잡다한 자료들을 처리하는 과정이야말로 해외유머 제작에서 가장 힘겨운 일이다. 일단 모두 읽어봐야 한다. 조크들로 엮어낸 책에 실린 것이라해서 하나같이 다 재미있으라는 법이 없다. 실은 별로 재미없는 것들이 더 많다. 일차적으로 유머거리가 됨직한 것을 골라낸 다음에는 영어로 보면 재미가 있지만 우리말로 옮길 수 없거나 옮겨봤자 유머가 살아남지 않는 것들은 버려야 한다. 그리고 나서는 활자화하기 어려운 것들을 골라서 탈락시켜야 한다. 여기에 속하는 것이 그 사람들이 더티 조크(dirty joke)라고 일컫는 외설적인 것들이다.

우리가 허물없는 자리에서 많이 접하는 것이 외설적인 유머라는 사실로 미루어 알 수 있듯이 영어조크에서도 대종을 이루는 것이 이 부류에 속하는 것들이고 그중에 무척 재미있는 것들이 많다.

이런 기준에 따라 취사선택을 하다보면 한 권에서 단한 건도 건지지 못하는 경우도 있다. 출판사만 다를 뿐 같은 취지의 조크를 이런저런 형태로 각색해서 내놓은 것도 많다. 그래서 같은 조크에 수없이 자주 접하게 된다.

다음 단계의 작업은 『한국경제신문』의 「海外유머」라는 틀에 뜯어맞추는 일이다. 긴 것들은 줄이고, 도저히 줄일 수 없는 것은 2, 3회로 나누어 연재하기도 한다.

독자들로부터 문의전화를 받으면서 깨닫게 된 것은 영한대역으로 된 유머판이 영어공부의 참고자료로 이용되는 경우가 많다는 사실이다. 이 점을 감안하여 지나치게 속된 슬랭(slang)은 피하고 표준적인 표현으로 바꾸도록 했다. 그리고 외설적인 낱말 역시 점잖은 것으로 바꾸도록 했다.

다음으로 시국의 제물이 된 것들도 많았다. 한 예로, 제1권의 맨 앞에 실린 「군사독재」는 70년대의 그리스 군사독재를 다룬 미국 『타임(Time)』지의 특집기사에서 봤던 것이지만 그동안 빛을 보지 못했다. 문민체제가 되면서 그 당시의 기억을 더듬어 새로 엮어내어 최근에 소개한 것이다.

또 한 가지 『한국경제신문』에 실린 영어유머의 소재는 비단 해외에서 발행된 서적이나 잡지에만 국한되는 것은 아니다. 더러는 뉴스기사에서 아이디어를 얻어서 만들어내기도 하고 또 더러는 스스럼없이 한담하는 자리에서 들은 재미있는 이야기들을 서양적인 상황으로 각색해서 엮어 내기도 했다. 물론 별로 손질하지 않고 쉽게 활용할 수 있는 소재도 많았으나 그렇지 않고 많은 공력을 들인 것들도 적지 않았다.

십여 년간 해외유머를 담당해온 사람으로서 가장 큰 고충은 역시 소재 빈곤이다. 조크책들을 보면 예외없이 별 재미없는 것들도 많이 수록되어 있다. 한마디로 소재 빈곤을 입증하는 것이다. 『한국경제신문』의 해외유머라고 예외일 수 없다. 소재가 부족하다보니 재미없는 것으로 때워가는 날도 적지 않다.

해외유머가 나가기 시작한 14년 전과 비교하여 지금 『한국경제신문』의 독자수는 엄청나게 증가했다. 그러므로 지금의 독자들 중에는 초기의 「해외유머」에 접하지 못한 분들이 많다. 10년이면 강산도 변한다기에 초기의 것들을 더러 재탕하기도 하는데 이 때문에 간혹 오래 된 독자들로부터 항의를 받는 일도 있다.

그 동안 많은 독자들이 이미 나갔던 것을 책으로 엮어 내지 않았는지 혹은 그럴 계획이 없는지를 물어왔다. 이 해외유머집은 그러한 독자들의 성원에 호응하기 위해 초기의 것들로 엮어낸 것이다. 지난 1994년 1월에 제1집, 94년 8월에 제2집이 나간 후로 제3집이 언제쯤 나오는지 궁

굼해 하는 독자들이 많았다. 다시금 독자들의 성원에 감사
드리며 빠른 시일 안에 제4집, 제5집으로 보답해 드릴 것
을 약속한다.

1995년 5월

「해외유머」담당자

차　례

1. 고무요리

At a party celebration in Leningrad, a guest dis-
covered a piece of rubber tire in his stew. About to
protest, he noticed the eye of a secret-police official
fixed upon him and managed a cheerful, "Well,
everything is going according to our most optimistic
calculations. Here we've been in power only thirty-
five years, and already the automobile is replacing
the horse ! "

▶ a party celebration : 정당(여기서는 소련공산당)의 축하잔치
▶ stew : 스튜(고기를 약한 불로 끓인 요리)
▶ about to : 막 ~하려는
▶ manage a cheerful "~" : 명랑을 가장하여 『~』라고 한다.
▶ most optimistic calculation : 가장 낙관적으로 관측해서 내린 계산

레 닌그라드에서의 당 연회에 참가했던 어느 손님의 스튜에서는 고무 타이어 조각이 나왔다. 이에 대해 항의하려는 순간 그는 비밀경찰의 시선이 자신에게로 쏠리고 있음을 의식하고는 억지로 유쾌한 척하면서 말했다.

『과연 모든 것이 우리가 가장 낙관적으로 예상했던 대로 진행되고 있군요. 우리가 권력을 잡고 나서 35년밖에 안 됩니다만 벌써 말은 자동차에 밀려나고 있지를 않습니까! 』

2. 아빠의 직업

Little girl : Oh, fancy your father, a tailor, letting you go in those old trousers ?

Little boy : Well, what of it ? Your father's a dentist, and yet your baby hasn't any teeth.

▶ fancy ! : 그런 일이 있다니 ! 참 뜻밖이군 !
▶ what of it ! : 그게 어쨌다는 말인가

꺄 마아가씨 :『애, 너의 아빠는 양복장사하면서도 너한텐 그런 누더기 바지를 입히다니 그게 웬일이냐?』

꼬마녀석 :『그게 어쨌다는 거야? 너의 아빠는 치과의사인데도 너희 아가는 이빨이 하나도 없잖아.』

3. 초지일관

Jerry was in a rundown condition, so he visited his doctor.

"It doesn't surprise me at all," scolded the physician, "it's because of the wild life you've been living. You'll have to cut out drinking, smoking and chasing around with women!"

"Thanks, Doc," said Jerry and got up to leave.

"Just a minute," called the doctor, "you didn't pay me for my advice!"

"Why should I?" answered Jerry, "I'm not going to take it."

▶ rundown : 건강을 상한, 병든
▶ cut out : 그만두다
▶ chase around with women : 여자를 따라다니다. 엽색행각을 벌이다

제 리는 건강이 좋지 않아 의사를 찾아갔다. 의사는 환자를 나무랐다.

『그토록 방종한 생활을 해 왔으니 이렇게 되는 게 당연하죠. 술·담배·여자를 아예 멀리하세요.』

『감사합니다, 선생님.』

환자는 자리에서 일어나 나가려고 했다.

『잠깐만. 충고를 해드렸으니 돈을 치르고 가야죠』 하며

의사는 환자를 불러 세우고 말했다.
　『천만에요. 받아들이지도 않을 충고에 대해서 무슨 대가
를 지불한단 말입니까.』

4. 기념품

A traveler in England stopped for a glass of beer at a little thatch-roofed pub. As he sipped his drink he noticed a brick and a faded rose under glass on the center table. "Why do you cherish that common brick and the dead rose ? " the visitor asked his host.

"Ah, there are certain memories attached to them, " was the reply. "Do you see this big dent on my head ! Well, it was made by that brick. "

"But the rose ? "

"The rose is from the grave of the man who threw the brick. "

▶ thatch-roofed : 짚이나 풀로 지붕을 이은
▶ pub : 영국의 선술집(public house에서 온 말)

　　영국을 여행하던 사람이 맥주 한 잔 마시려고 짚으로 지붕을 이은 작은 선술집에 들렀다. 술을 홀짝거리면서 보니 중앙 테이블의 유리 속에는 벽돌 한 장과 말라비틀어진 장미 한 송이가 놓여 있었다. 손님은 주인을 보고 물었다.

『어째서 별것도 아닌 벽돌과 다 시들어 버린 장미를 저렇게 소장하고 있는 것입니까?』

『저거요. 거기엔 어떤 사연이 깃들여 있답니다. 여기 내 머리에 보면 움푹 들어간 데가 있죠? 이게 바로 그 벽돌의 소행이랍니다.』

『그렇다면 장미는 뭡니까?』

『장미는 벽돌을 집어던졌던 자의 무덤에서 가져온 겁니다요.』

5. 노인병

Sam Yancy went to the doctor and complained that one of his testicles hurt.

"That's just old age," the doctor said.

"The other ball is just as old," argued the old man, "so how come that one don't hurt, too?"

▶ testicle : 고환
▶ How come? : Why?
▶ that one don't hurt : that one doesn't hurt의 속된 표현

샘 얀시는 의사를 찾아가 고환 한쪽이 아프다고 했다. 『그거 별것 아니고 나이탓입니다』라는 것이 의사의 진단이었다.

『아니 양쪽 다 나이는 똑같은데 어째서 한쪽만이 아픈 겁니까』 하며 영감님은 따졌다.

6. 재 치

U. S. Secretary of State Olney had a firm rule never to appoint anyone to the consular service who could not speak the language of the country to which he was assigned. When a politician called on him and asked to be appointed American consul at a Chinese port, Olney reminded him of the Department's new rule and added, "I don't suppose you speak Chinese, do you?"

The politician grinned and said, "You just ask me a question in Chinese and I'll answer it."

He got the appointment.

▶ a firm rule : 철칙
▶ consular service : 영사업무
▶ assign : (어떤 일에 사람을) 배치하다

미국 국무장관 올니는 주재국 언어를 해독하지 못하는 사람은 영사관에 배치하지 않는다는 것을 하나의 철칙으로 삼고 있었다. 그래서 어떤 정치가가 찾아와 중국의 어느 항구도시 영사자리를 달라고 하자 올니 장관은 국무부의 새 방침을 밝히고는 『중국말을 못하시는 걸로 아는데, 어떻습니까』 하고 물었다.

그 정치가는 싱긋이 웃으면서 『어디 중국말로 물어 보시죠. 내가 대답할 테니」라고 했다.
　이 정치가는 그 영사자리를 따냈다.

7.　부자의 입맛

　The millionaire was arrested for speeding and brought before the judge in a small community. When the judge offered him the alternative of paying a $ 10 fine or serving ten days in jail. The millionaire decided to take the ten days.

　"But you are wealthy." said the judge in astonishment, "Why you should prefer ten days in jail to paying a $ 10 fine is beyond me."

　"Our cook left," the rich man explained, "and my wife figures it'll take that long to get find a new one."

▶ a small community : 작은 고장
▶ fine : 벌금
▶ prefer ～ to : ～보다 ～을 택하다
▶ It is beyond me : 나로서는 이해할 수 없는 일이다.

　　과　속운전을 하다가 검거된 백만장자가 어느 작은 고장의 판사한테로 연행되었다. 판사는 피고를 보고 벌금 10달러를 내든가 아니면 10일간 감옥살이를 하든가 하라고 했다. 그러자 이 부자는 10일간을 감옥에서 지내겠다고 했다.

판사는 깜짝 놀라면서 말했다.

『하지만 당신은 부자가 아닙니까. 그런데도 10달러를 내느니 감옥에서 10일간을 지내겠다니 도무지 알 수 없는 노릇이군요.』

그러자 백만장자는 사정을 이야기했다.

『실은 우리집 요리사가 나가 버렸어요. 우리 마누라 이야기로는 새 요리사가 오려면 그 정도 시일이 걸릴 거라고 합니다.』

8. 충 고

> Two broken-down old men sat on park bench. One said,
>
> "I'm here because I never took advice from anybody."
>
> "Shucks," said the other man, "I'm here because I took everybody's advice."

▶ broken-down : 궤멸한, 영락한
▶ take advice from : ～의 의견을 듣다
▶ shucks : (미국 속어) 이런! 제기랄! (불쾌감이나 후회를 나타내는 소리)

영락한 두 노인이 공원 벤치에 앉아 있었다. 한 노인이 입을 열었다.

『난 누가 충고해도 아예 귀를 기울이지 않다 보니 요꼴

이 됐어요.』
　그러자 상대편 노인이 응수했다.
『제기랄!　난 남의 말만 듣다 보니 요런 꼴이 된걸요.』

9. 퀴　즈

Parson : "Now, can any little boy or girl tell us what we must do before we get to Heaven！"
Tommy : "Die."

▶ parson : 교구목사, 목사

목 사 :『자아, 천당에 가기 전에 뭘 해야 하는지 아는 사람?』
토미 :『죽어야죠.』

10. 대변인

The new minister stood at the church door greeting parishioners as they departed after the close of services. The people were generous in complimenting the clergyman for his sermon, except one fellow who said to him, "Pretty dull sermon, Reverend." And in a minute or two the same man appeared again on line and said, "Pretty dull sermon, Reverend." Once again the man appeared, this time muttering, "You really didn't say anything at all, Reverend."

When he got the opportunity, the minister pointed out the triple-threat pest to one of the deacons and inquired about him. "Oh, don't let that guy bother you," said thee deacon. "He's a poor soul who goes around repeating whatever he hears other people saying."

▶ parishioner : 교구민
▶ compliment : 경의를 표하다, 칭찬하다
▶ pest : 골칫거리(사람)
▶ deacon : 집사

새 로 부임한 목사님은 예배가 끝나자 교회입구에 가서 신도들에게 인사했다. 사람들은 모두 목사님의

설교를 극구 칭찬했는데 유독 한 사람만이,

『참 따분한 설교로군요, 목사님』이라고 했다. 그리고 1 ~2분이 지나자 그 사람은 다시 줄지어선 사람들 틈에 서서 같은 말을 되풀이했다. 좀 있다가 그 사람은 또다시 나타나서 투덜댔다. 『아무 내용도 없는 소리만 늘어놓으셨군요, 목사님.』

목사님은 집사 한 사람에게 물어 볼 기회가 생기자 세 번씩이나 위협적인 발언을 해 온 그 골칫거리를 가리키면서 그 사람에 관해서 물었다. 집사는 이렇게 말했다. 『아아, 저 사람요. 신경쓰실 것 없습니다. 저 사람은 남들이 하는 소리를 되뇌이면서 돌아다니는 딱한 사람입니다.』

11. 배 짱

First critic : "You envy that tenor ? I consider his voice is simply terrible. "
Second ditto : "Quite so. But think of his nerve. "

▶ ditto : 동상(同上)
▶ nerve : 신경, 뻔뻔스러움

비 평가 A : 『저 테너가수가 부럽다구? 음성이 아주 말이 아니잖아.』
비평가 B : 『그건 그래. 하지만 배짱 하나 좋잖아.』

12. 성 별

A soldier's wife called her husband in Vietnam and gasped, "Darling, we have a new baby, born thirty minutes ago!"

He asked, "Is it a boy or a girl?"

She confessed that she didn't know, so he said, "Didn't you look between its legs?"

She retorted, "Darling, don't be nasty! Who could think about sex at a time like this?"

▶ gasp : 헐떡이다
▶ nasty : 추잡한, 외설스런, 음탕한

베트남에 나가 있는 군인의 아내가 남편에게 전화를 걸어 헐떡이면서 알렸다.

『여보, 어린애가 태어났어요, 30분 전에요.』

남편이 물었다. 『사내요, 계집애요?』

부인이 아직 모르겠다고 하자 남편은 다시 물었다.

『어린애 사타구니를 들여다보지도 않았단 말이오?』

『여보, 제발 점잖게 굴어요. 이런 판국에 누가 섹스를 생각한답디까?』 부인이 쏴붙였다.

13. 위선자들

Dwight L. Moody, the famous evangelist, stopped to visit with a fellow clergyman. The friend told Moody he would love to have him address his congregation, but that it would probably be embarrassing since the congregation was in the habit of walking out before a sermon was finished—no matter who the preacher was.

Moody said he would be delighted to take his chances and thought he would be able to hold them there until the end.

On Sunday morning Moody mounted the pulpit and began by pointing out that the first half of his sermon would be addressed to the sinners and the last half to the saints in the congregation. All stayed to the end.

▶ evangelist : 선교사, 전도사
▶ a fellow clergyman : 동료 성직자
▶ congregation : 모임, (종교의) 회중
▶ take chances : 되든 안 되든 한 번 해 보다

유명한 선교사 드와이트 무디가 지나가는 길에 동료 성직자를 방문했다. 그 친구는 무디를 보고 그의

교회 신도들에게 설교를 해 주면 좋겠지만 미처 설교가 끝
나기도 전에 자리를 뜨는 버릇들이 있어서 설교하는 사람
이 어색해지기가 일쑤라고 했다. 누가 설교를 하건 아랑곳
하지 않고 중도에서 나가 버린다는 것이다.

무디는 자기가 한 번 해 보면 좋겠다면서 설교가 끝날
때까지 사람들을 잡아 놓을 수가 있을 것 같다고 말했다.

일요일 아침 설교단에 올라선 무디는 서두에서 그의 설
교 앞부분은 죄지은 사람들을 대상으로 하는 것이고 뒷부
분은 착한 사람들을 대상으로 하는 것이라는 점을 지적하
고 나서 이야기를 진행시켰다. 나왔던 사람들은 모두가 끝
까지 앉아 있었다.

14. 웨이터

The diner was annoyed because the waiter had brought him a knife and fork, but no spoon.

"This coffee." he said pointedly, "is going to be pretty hot to stir with my fingers."

The waiter beat a hasty retreat to the kitchen. He returned shortly with another cup of coffee. "This one isn't so hot, sir." he said proudly.

▶ diner : 식사하는 사람, 식당손님

▶ pointedly : 노골적으로

▶ beat a retreat : 물러가다, 퇴각하다

웨이터가 나이프와 포크는 갖다 주면서 스푼은 잊고 있으니 손님은 짜증이 나서 쏴붙였다.

『이렇게 뜨거운 커피를 손가락으로 저을 수야 없잖아.』

이 소리를 듣자 웨이터는 부리나케 주방으로 가더니 잠시 후 다시 커피 한 잔을 들고 나타나서 생색을 냈다.

『손님, 이건 그다지 뜨겁지를 않습니다요.』

15. 개와 아내

A man walked into the police station to report that his wife was missing.

The sergeant began writing up the report.

"How tall is she ? "

"About so high. "

"How much does she weigh ? "

"About average, I Guess. "

"Color of eyes ? "

"I'd say they were neutral. "

"Color of hair ? "

"I don't know. It changes. "

"What was she wearing ? "

"Hat and coat, I suppose. "

"Was she carrying anything ? "

"Yes, she had a dog on a leash. "

"What kind of dog ? "

"A pedigreed brindle and white German Shepherd

> weighing 38 pounds, six hands high, license 45-
> 12-C on a brown collar slightly deaf in the right ear
> and answers to the name of Prince. "

▶ neutral : 회색의
▶ leash : 가죽끈
▶ pedigreed : 혈통이 분명한
▶ brindle : 얼룩, 얼룩무늬
▶ hand : (척도)손자, 뼘(4인치)

경찰서에 나타난 사나이는 부인의 실종을 신고했다. 당직경찰관은 신고사항을 기록했다.
『키가 얼마나 됩니까?』
『이만큼요.』
『체중은요?』
『보통 체중이 될 겁니다.』
『눈은 어떤 빛깔입니까?』
『회색인가 봐요.』
『머리카락 빛깔은?』
『모르겠어요. 바뀌니깐요.』
『옷은 어떤 걸 입고 있었습니까?』
『모자에 코트 차림이었나 봅니다.』
『뭐 가지고 나간 것이 있습니까?』
『개를 끌고나갔습니다.』
『개의 종류는요?』
『흰 바탕에 얼룩진 족보 있는 독일 셰퍼드인데 무게는 38파운드, 키는 여섯 뼘, 갈색 목걸이에는 등록번호 45-12-C가 적혀 있고 오른쪽 귀가 약간 먹었으나 프린스라고 이름을 부르면 응답합니다.』

16. 라이벌

The upstairs maid was quitting to get married. The lady of the house, who had just divorced her own husband, warned, "Marriage isn't all tender caresses. It gets harder than you think. Do you know the fellow well enough to spend your whole life together?"

The maid said, "Yes mum, I do. After all, I worked here all those years you were married to him."

▶ the lady of the house : 주부
▶ tender caress : 부드러운 애무
▶ mum : madam의 속어

다락방 아가씨는 시집가기 위해 가정부 일을 그만두게 되었다. 남편하고 갓 이혼한 그 집 마나님은 아가씨에게 귀띔했다. 『결혼이란 마냥 달콤한 것만은 아니란다. 네가 생각하는 것보다는 따분한 거야. 너 평생을 함께 지낼 수 있겠는지 그 사람에 관해서 잘 알아봤어?』

『그럼요 마나님. 따지고 보면 마나님이 그분과 결혼하고 계셨던 그 동안 내내 저는 여기서 일해 왔잖아요.』

17. 인신공격

U. S. Senator A. H. Stephens was very small in stature. During a congressional debate an opponent shouted at him : "You little know-nothing, I could swallow you whole and never know I had eaten anything."

"In that case," replied Stephens, "you would have more brains in your belly than you ever had in your head."

▶ small in stature : 키가 작다, 몸집이 작다
▶ congressional debate : 국회에서의 토의
▶ swallow whole : 통째로 삼키다
▶ know-nothing : 아무것도 모르는 사람, 무식자

미국의 A. H. 스티븐스 상원의원은 몸집이 아주 작았다. 국회에서 논쟁이 벌어졌을 때의 일이다. 반대입장에 있던 한 의원은 스티븐스를 보고 고함을 질렀다. 『요런 난쟁이 맹추 같으니라구. 내가 통째로 삼켜도 간에 기별조차 가지 않을 것이…….』

『그렇게만 하신다면 지금까지 당신 머릿속에 들어 있던 것보다도 많은 IQ가 당신 뱃속에 생기게 될 걸세』라고 스티븐스는 응수했다.

18. 절 약

A husband came home completely out of breath. His wife asked what was wrong and he said :

"Nothing, honey. I just ran all the way home behind the bus and saved 50 cents. "

"Well, that certainly was foolish, " she said. "Why didn't you run home behind a taxi and save three dollars ? "

▶ out of breath : 숨을 헐떡이며

숨을 헐떡이면서 집으로 돌아온 남편을 보고 부인은 영문을 물었다.

『아무것도 아니야. 여기까지 내내 버스를 뒤쫓아 달음질을 해서 50센트를 벌었단 말이야.』

『참, 당신 어리석군요. 왜 택시를 뒤쫓아오지 그랬어요. 그랬으면 3달러를 벌었을 것 아니냐구요.』

19. 이율배반

"Go upstairs and wash your hands, Johnnie?"
said the mother.

"Oh, let him wash down here," said the
grandmother.

"No, he must learn to obey his mother," retorted
the mother.

"Well, why don't you obey your mother?" asked
Johnnie.

▶ retort : 대꾸하다

『애』자니야, 위층에 올라가서 손씻어라.』어머니가
말했다.

『여기서 씻게 내버려 둬라』하고 외할머니가 끼어들었
다.

『안 돼요. 저 녀석 엄마 말에 복종하는 습관을 길러야
해요』하며 어머니가 우겼다.

『그러면, 엄마는 왜 할머니말에 복종하지 않는거지?』
자니가 물었다.

20. 애국정신

A young engineer was showing a visiting Russian the skyline of New York City. The engineer pointed out one skyscraper and mentioned that it took only 10 months to build it. The Russian grinned and said that the same building could have been constructed in five months in Russia. The engineer pointed out another building and bragged that it was built in six months. The Russian laughed and said it could be built in only three months in Rusia.

The Russian then noticed the Empire State Building and asked how long it took to build it.

"You've got me." said the engineer. "It wasn't there yesterday."

▶ skyline : 스카이라인(건물들이 하늘을 배경으로 그리는 윤곽)
▶ skyscraper : 마천루, 고층건물
▶ brag : 자랑하다

젊은 건축가가 미국을 방문 중인 소련 사람에게 뉴욕의 고층건물들을 보여 주고 있었다. 그는 고층건물 하나를 가리키면서 그것이 완성되는 데는 10개월밖에 걸리지 않았다고 말했다. 그러자 소련 사람은 빙긋 웃으면서 그 정도의 건물이라면 소련에서는 5개월 안에 준공될 수 있었을 것이라고 말했다. 미국 건축가는 다른 건물을 가리키면서 그것은 6개월만에 완성된 것이라고 자랑했다.

소련 사람은 껄껄대며 소련에서는 그런 건물은 3개월이면 건축할 수 있다고 말했다.

다음으로 소련 사람의 주의는 엠파이어 스테이트 빌딩에 미쳤다. 그는 그것을 가리키면서 건축하는 데 얼마나 걸렸냐고 물었다.

『당신 참 사람 약올리네요. 저 건물은 어제까지만 해도 없었다구요.』미국 건축가가 말했다.

21. 서비스

"Look here, waitress," an angry customer shouted, "I have just found this blouse button in my soup."
"Oh, thank you so much, sir," the waitress said beamingly. "I have been looking everywhere for it."

▶ beamingly : 희색이 만면하여
▶ look for : ～을 찾아보다

화가 난 손님은 웨이트리스를 보고 고함을 질렀다. 『이봐요 아가씨, 이 블라우스 단추가 내 수프 속에서 나왔어.』

그러자 아가씨는 희색이 만면했다. 『어머나, 정말 고맙습니다. 사방에서 찾고 있던 중입니다.』

22. 피장파장

Mr. Jackson and his wife were playing golf. Mr. Jackson's first tee shot sliced across the fairway and hit the wife of another man out golfing.

The man stormed over to Mr. Jackson. "Do you know what you did ? " he shouted. "You hit my wife with your ball ! "

"Sorry, " said Mr. Jackson, handing him a ball. "Have a shot at mine. "

▶ slice : (골프용어) 슬라이스(왼쪽으로 굽어나가다)
▶ storm : 난폭하게 굴다, 미친 듯 날뛰다

잭슨 씨는 부인과 함께 골프를 치고 있었다. 그가 첫 티샷을 하자 공은 페어웨이에서 곡선을 그리더니 앞서가고 있는 남의 부인에게 맞았다.

그쪽 남편은 험악한 기세로 다가와서 고함을 질렀다. 『여보시오, 이게 무슨 짓이오? 당신의 공이 우리집 사람한테 맞았다구요.』

그러자 잭슨 씨는 그 남자에게 공 하나를 건네주면서 말했다. 『미안하게 됐소이다. 그럼 우리 마누라한테도 한 방 갈기시오.』

23. 얌 체

The owner of a large chain of restaurants who went over his books discovered that his most trusted employee had stolen over a million dollars from the firm.

"I want no scandal," said the owner to the crook. "I'll just fire you and forget about the entire matter."

"Why fire me?" asked the employee. "I now have a yacht, a country mansion, a town house, jewelry, and every luxury you can think of. I don't need a thing, so you can trust me. Why hire somebody else and have to start with him from scratch?"

▶ go over one's books : 회계장부를 살펴보다
▶ scandal : 소동, 물의
▶ country mansion : 별장
▶ town house : 주택(도시에 있는)
▶ from scratch : 무에서, 영에서

대규모 레스토랑 연쇄점의 소유주는 장부를 뒤져보고 나서 가장 신임했던 사원이 회사돈 100만 달러 이상을 횡령했다는 사실을 밝혀냈다. 그는 비행을 저지른 그 사원을 불러놓고 말했다.

『크게 문제삼을 생각은 없어. 자네를 파면하는 것으로 완전히 덮어 버릴 걸세.』 그러자 그 사원은 물었다. 『어째서 저를 해고하려는 것입니까. 저는 이제 요트, 시골별장과 살림집에다가 보석을 비롯한 온갖 사치품을 장만해 놓고 있습니다. 이제 필요한 것이라고는 아무것도 없으니 저를 믿고 써도 됩니다. 그런데 어째서 다른 사람을 고용하여 무에서부터 새로 시작하게 하려는 것입니까?』

24. 엄처시하

A henpecked husband was terribly disappointed when his wife gave birth to a baby daughter.

He confided to a friend : "I was hoping for a boy to help me with the housework."

▶ henpeck : (남편을) 쥐고 흔들다
▶ confide : 고백하다, 실토하다

엄처시하에서 지내는 남편은 부인이 딸아이를 분만하자 크게 실망했다.

그는 친구에게 솔직한 심정을 털어놓았다. 『실은 사내녀석이 태어나면 장차 내가 하고 있는 가사일을 거들어 줄 것으로 기대하고 있었는데 말이야.』

25. 한통속

The parson phoned the local board of health to have a dead mule removed from his lawn. The young clerk who answered thought he'd be smart.

"I thought you ministers took care of the dead." he replied.

"We do," said the parson. "But first we get in touch with the relatives."

▶ parson : 교구목사
▶ board of health : 보건담당관서, 보건소
▶ mule : 노새
▶ smart : 재치있는, 똑똑한

목 사님은 보건당국에 전화를 걸어 교회 잔디밭에 죽은 노새가 있으니 치워 달라고 했다. 전화를 받은 젊은 보건소 직원은 재치를 발휘하려 들었다.

『죽은 것을 돌봐주는 건 목사님들께서 하시는 일이 아니던가요?』

『그건 그래요. 하지만 우선 친지들에게 알려야죠.』

26. 여인천하

The ruler of an ancient kingdom wanted to disprove the statement that the men of his domain were ruled by their wives. He had all the males in his kingdom brought before him and warned that any man who did not tell the truth would be punished severely.

Then he asked all the men who obeyed their wives' directions and counseled to step to the left side of the hall. All the men did so but one little man who moved to the right.

"It's good to see," said the king, "that we have one real man in the kingdom. Tell these chicken-hearted dunces why you alone among them stand on the right side of the hall."

"Your Majesty," came the reply, "it is because before I left home my wife told me to keep out of crowds."

▶ disprove : 반증하다, 뒤집다
▶ chicken-hearted : 겁많은
▶ dunce : 열등생, 저능아

어 느 옛 왕국의 군주는 그 나라의 사내들이 하나같이 아내에게 쥐어 꼼짝을 못하고 있다는 이야기를 반증하고 싶었다. 그는 나라 안의 사내들을 모조리 불러놓고 사실대로 밝히지 않는 자는 엄벌에 처하겠노라고 경고했다.

그러고는 아내의 지시나 충고에 순종하는 자는 모두 왼쪽으로 나서라고 일렀다. 그랬더니 자그마한 체구의 사나이 하나만이 오른쪽으로 나섰을 뿐 나머지는 모두가 왼쪽으로 갔다.

이 광경을 보고난 임금이 말했다.

『이 나라에 진짜 사내가 있다는 것을 알게 되었으니 흐뭇한 일이로다. 유독 그대만이 오른쪽으로 나선 까닭을 이 쓸개빠진 겁쟁이들에게 이야기해 주렷다.』

『폐하, 실은 집을 나서기 전에 부인께서 사람들이 많은 곳에 가지 말라는 분부가 있었사옵나이다.』

27. 경영총수

The chief executive of a large corporation, who was a stickler for efficiency, made an inspection tour of one of the company's manufacturing units. As he led his aides from department to department, he glowed with satisfaction as machines hummed and men worked swiftly.

Suddenly the ears of the chief executive were tormented by the sound of whistling from behind a partition. He quickly confronted the whistler, a young man sprawled lazily on a chair.

"What's your salary?" demanded the chief

executive.

"Thirty-five bucks a week," replied the young man before he resumed whistling.

Wheeling on his retinue, the chief executive snapped, "Give this boy $ 70 and get him out of here at once."

"But, C. E. ……," began a particularly courageous assistant.

"You hear me ─ $ 70 and out," interrupted the chief executive as he strode away. Later that day an accounting-department officer brought up the subject.

"What account shall we charge that $ 70 to, C. E.?"

"Payroll, naturally," was the official answer.

"But, C. E., that boy didn't work for us. He was a messenger waiting for a delivery receipt."

▶ chief executive : 최고경영자(사장 · 회장)
▶ stickler : 잔소리꾼, (의식 또는 예절에) 꼼꼼한 사람
▶ retinue : 수행원

능률에 대해 사뭇 까다롭게 구는 어느 대기업의 총수께서 산하의 공장 한 군데를 시찰했다. 측근들을 거느리고 각 부서를 돌아다니면서 기계들이 활기차게 돌아가고 종업원들이 민첩하게 작업하고 있는 것을 본 그는 희색이 만면했다.

그런데 갑자기 어느 칸막이 뒤로부터 휘파람소리가 들려와서 그의 기분을 잡쳤다. 얼른 그리로 가 보았다. 한 청년이 의자 위에 한가롭게 나자빠져 있었다.

『자네 봉급이 얼마야?』

『한 주에 35달러요.』 이렇게 대답한 청년은 다시 휘파람을 불기 시작했다.

사장은 수행원들 쪽으로 홱 돌아서더니 일갈했다. 『이 녀석 70달러 줘서 당장 내보내게.』

『하지만 사장님……』 하고 측근들 중에서 꽤 용감한 사람이 입을 열었다.

『내 말 안 들려. 70달러 줘서 내보내래두.』 회장님께서는 측근의 말을 가로막고 발걸음을 옮겼다.

나중에 경리부장이 이 문제를 다시 꺼냈다. 『그 70달러 어떻게 정리할까요?』

『물론 급료로 해야지.』

『하지만 그 녀석은 우리 사원이 아닙니다. 물품인수증을 받아가려고 기다리고 있던 녀석입니다.』

28.　교통안내

Traffic sign in an English village : Slow.　No Hospital.

영국의 어떤 마을에 서 있는 교통표지 : 『천천히.　병원 없음.』

29. 토끼스튜

A health inspector walked into a seedy-looking restaurant and asked for the proprietor. "I notice a sign outside that you're serving rabbit stew today. Is it all rabbit?"

"Well, actually it isn't," the proprietor had to admit. "There's a little horse meat in it, too."

"How much horse meat?" quizzed the inspector.

"I swear it's a fifty-fifty mixture," the proprietor replied. "One horse and one rabbit."

▶ health inspector : 위생검사원
▶ seedy-looking : 초라한 모습의

위생검사원은 허술한 식당에 들어서더니 주인에게 물었다.

『밖에 써붙인 걸 보니 토끼스튜가 특별 메뉴라고 하는데, 그게 순토끼고기로만 만든 것인가요?』

『글쎄 올시다. 사실은 그렇지를 않습니다요. 거기엔 말고기도 약간 들어있습니다요.』 식당주인은 실토를 했다.

『말고기는 얼마나 들어갔어요』 하고 검사원이 추궁했다.

『맹세코 말씀드립니다만 50 대 50으로 배합된 것입니다요. 말 한 마리에 토끼 한 마리 꼴로 말입니다.』

30. 회 장

Chairman Irving S. Olds of the U.S. Steel Corporation was presiding over a stockholders meeting, when a woman arose and asked him. "Exactly what are the duties of a chairman : what do you do ? "

Mr. Olds, without batting an eye, said, "Madam, the chairman of the board is roughly equivalent to the parsley on a platter of fish. "

▶ be roughly equivalent to : 대충 ～와 같다
▶ a platter of fish : 한 접시의 생선요리

U S 스틸회사의 회장이었던 어빙 올즈가 주주총회를 진행시키고 있었는데 여성 주주 한 사람이 자리에서 일어나더니 회장에게 따졌다.

『정확하게 말해서 회장의 직책이 뭡니까, 당신이 하는 일이 뭐냐구요?』 올즈는 눈 하나 깜짝하지 않고 답변했다.

『부인, 이 회사의 회장이란 한 마디로 말해서 생선요리에 장식용으로 곁들인 야채와 같은 것입니다요.』

31. 부전자승

Mother : "That boy of ours gets more like you every day."
Father : "Who's he been making out with now ? "

▶ get like~ : ~와 비슷해지다, ~를 닮다

어머니 :『우리집 녀석말이에요. 날이 갈수록 당신을 닮아가네요.』
아버지 :『그래 요즘은 어느 집 아이하고 놀아나고 있는데 ?』

32. 여자의 호기심

A Madison Avenue friend of ours tells a client who wanted to get his 'message' to every married woman in the community. The solution to the problem was simple, according to this enterprising publicist : "We just addressed letters to every married man in town, and marked them 'Personal'."

▶ Madison Avenue : 뉴욕시의 광고업 중심지
▶ community : 공동사회, 지역사회(국가·도시·읍·동네 따위)
▶ publicist : 선전전문가, 광고업자
▶ personal : personal letter : 친서, 사신

　　매디슨 애버뉴의 한 광고업자의 말이다. 고객 한 사람이 찾아와서는 그의 고장에 살고 있는 모든 기혼여성들에게 전하고 싶은 말이 있다고 했다. 광고회사에서는 거뜬히 문제를 해결했다.

　『우리는 이 고장의 모든 기혼남성들 앞으로 편지를 띄웠습니다. 겉봉에다 「친전(親展)」이라고 표시해서 말입니다』라고 두뇌회전이 빠른 이 광고업자는 말했다.

33. 장 수

> "What do you attribute to your long life ? "
> "That I was born in 1887. "

▶ attribute : (~의) 탓으로 하다

　　『이』렇게 장수하게 된 이유가 어디 있다고 보십니까?』
　『그야 1887년에 태어났으니 그렇게 된 거지.』

34. 이웃집 아내

The commuters' train was quite late for its suburban destination, and Pete and George were enjoying their wait in the station bar. They had reached the state of confession about their sex lives.

"You know," said Pete, "I never had any relations with my wife at all before we were married. How about you?"

George thought for a moment, then said, "Gosh, I don't know. What was her maiden name?"

▶ commuters' train : 통근열차
▶ suburban destination : 교외의 목적지
▶ gosh : 이런!, 이크!

교외로 나가는 통근열차는 도착이 아주 늦었다. 그래서 피트와 조지는 역구내의 바에서 시간을 보냈다. 두 사람은 마침내 섹스생활에 관해서 털어놓는 단계에까지 이르렀다.

피트가 말했다.

『난 말이야, 결혼하기 전에는 내 마누라하고 전혀 관계한 일이 없었어. 자네는 어땠나?』

조지가 잠시 생각하더니 대답했다.

『이런! 잘 모르겠는걸. 자네 마누라 처녀적 이름이 뭐였더라?』

35. 걸 물

> A lady had reported her husband missing, and became a daily visitor at the morgue. One day as the morgue attendant uncovered the face of a corpse, the lady thought she recognized her missing husband, but she wasn't positive. The attendant slipped and he pulled the sheet off entirely. "Now, lady," inquired the man, "is this guy your husband?" "No," she replied, pensively, "No, he isn't, but somebody certainly lost a good friend!"

▶ report a person missing : (어떤 사람의) 실종 보고를 하다
▶ a daily visitor : 매일 찾아오는 사람
▶ pensively : 생각에 잠겨서, 물끄러미

한 숙녀가 남편의 실종신고를 하고는 연일 시체실을 찾아가서 살폈다. 하루는 시체실 관리인이 한 시신의 얼굴을 드러내 보이자 여자는 그것이 자기 남편 같기도 했다. 그러나 확실치가 않았다. 그런데 관리인은 발을 헛딛어 넘어지면서 시신을 덮고 있던 시트를 홀랑 끌어내려 완전히 노출시켜 버렸다.

『자 부인, 이 자가 남편 맞습니까』 하고 그는 물었다.

여자는 물끄러미 생각에 잠기면서 대답했다.
『아닙니다. 이 사람은 아닙니다. 하지만 임자가 누구였는지는 몰라도 괜찮은 서방 잃었네요.』

36. 가난한 백만장자

"What would you do if you found million dollars ? "
"Well, if it was a poor person who lost it, I'd return it. "

『**만**약 100만 달러를 줍는다면 어떡할 거야?』
『글쎄, 임자가 가난한 사람이라면 돌려줘야겠지.』

37. 대리 아버지

Announcements of the professor's new book, and his wife's new baby, appeared almost simultaneously in the college paper. The professor, when congratulated on 'this proud event in your family' by a friend, thought of the book, the achievement

> which had cost him the greater effort, and modestly
> replied, "Well, I couldn't have done it without the
> splendid assistance of two graduate students!"

교수님의 새 저서 출판과 부인의 해산에 관한 뉴스는 거의 같은 시기에 대학신문에 보도되었다.

「집안에 있었던 자랑스런 일」에 대해 친구로부터 축하를 받았을 때 이 교수님은 책출판에 대한 인사말인 줄로만 알고 있었다. 책을 엮어내는 일이야말로 아이 만드는 것보다 크게 공을 들인 일이었으나 그는 겸손하게 대답했다.

『하지만 대학원생 두 사람의 훌륭한 도움이 있었기에 가능했던 일일세.』

38. 잠꼬대

> Patient : "My wife tells me I talk in my sleep.
> What should I do?"
> Doctor : "Nothing that you shouldn't do."

환자 : 『집사람이 그러는데 나는 잠꼬대를 한답니다. 이거 어떻게 하면 좋죠?』

의사 : 『해서 안 될 짓은 아예 하지 않으면 되는 겁니다.』

39. 천재소년(Ⅰ)

The Grade-school principal dropped into the new third-grade teacher's room to see how she was adjusting to her first day of school.

"That little boy in the first row belongs in second grade," she said. "But he insists on remaining here. As a matter of fact he is so smart that I hate to send him back."

"He cannot be that smart," said the principal. "Why don't you ask him something?"

▶ grade school : (주로 미국) 국민학교
▶ principal : 교장선생
▶ row : 열, 줄
▶ as a matter of fact : 실제로는, 사실은

국민학교 교장선생이 새로 부임한 3학년 선생이 어떻게 하고 있나 보려고 그 교실에 들렀다.

『맨 앞줄에 앉아 있는 저 작은 녀석은 2학년생입니다. 그런데도 기어이 여기 있겠다고 우겨대는데 실은 워낙 똑똑한 녀석이라 보내고 싶지가 않습니다』 하고 여선생은 말했다.

『그렇게까지 똑똑할 리가 있나요. 어디 질문 좀 해보지 그래요』라고 교장선생은 말했다.

40. 천재소년(Ⅱ)

The teacher called the boy forward and inquired :
"What does a dog do on three leg that your father
does on two legs and your mother does seated ? "
"Shake hands, " the boy said.
"And a cow has four of and your mother has two
of what ? " asked the teacher.
"Legs. "

▶ call forward : 앞으로 불러내다
▶ inquire : 묻다

선생은 그 아이를 불러다가 질문을 했다.
『개는 세 발을 딛고 하지만, 아버지는 두 발로 서
서 하시고 어머니는 앉아서 하시는 것은 뭐죠?』
『악수입니다.』
『그럼, 어머니에게는 둘뿐이지만 암소에게는 넷씩이나
있는 것은 뭐죠?』하고 선생님은 질문을 계속했다.
『다리요.』

41. 천재소년(Ⅲ)

> "Now, what does your father have that your mother likes most ? " the teacher continued her questioning.
>
> "Money, " the boy came with a prompt answer. The principal drew the teacher aside and whispered :
>
> "Better promote him to the fourth grade. I missed the questions myself. "

▶ prompt answer : 즉각적인 대답
▶ draw aside : 옆으로 데리고 가다
▶ promote : 승급시키다, (학교에서) 월반시키다
▶ miss question : 문제를 맞히지 못하다

『그럼 아버지가 갖고 계신 것 가운데서 어머니가 제일 좋아하시는 것은 무엇이지요』 하고 선생님은 질문을 계속했다.

『돈요』 라고 꼬마녀석은 거뜬히 대답했다.

교장선생은 여선생을 구석쪽으로 데리고 가서 귀엣말을 했다.

『숫제 4학년으로 보내는 것이 좋겠어요. 그 질문은 나도 하나도 맞히지 못했는걸요. 』

42. 부정(父情)

She was writing to her son, congratulating on his engagement.

"My darling boy, your father and I rejoice in your happiness. A good woman is Heaven's most precious gift to man. She brings out all the best in him and helps him to suppress all that is evil."

Then, there was a postscript in a different handwriting :

"Your mother has gone out for a stamp. Keep single, you young fool ! "

▶ rejoice in : ～을 기뻐하다
▶ suppress : 억누르다

어머니는 아들의 약혼을 축하하는 편지를 썼다.
『얘야, 아빠하고 나는 너의 복된 약혼을 기뻐해 마지 않는다. 훌륭한 여자는 하늘이 남자에게 주는 가장 소중한 선물이란다. 그런 여자는 남자가 가진 최선의 것이 노출되게 하며 악한 것들을 억제해 준단다.』
편지는 여기서 필적이 다른 추신으로 이어졌다.
『너의 어미는 우표 가지러 갔다. 이런 바보녀석, 독신으로 지내, 독신으로!』

43. 유 혹

> "Good heavens, doctor! What a terrific bill," the patient protested.
>
> "My dear fellow," the doctor replied, "if you knew what an interesting case yours was, and how strongly I was tempted to let it proceed to a postmortem, you wouldn't complain at a bill three times as big as this."

▶ terrific : 엄청난

▶ bill : 청구서

▶ let a case proceed to a postmortem : 사체해부에 이르게 하다, 곧 환자를 죽게 하다

『아니, 선생님, 왠 계산이 이렇게 엄청나게 나왔습니까! 』하고 환자가 항의했다.

『여보슈, 당신 병이 얼마나 흥미있는 케이스였고, 그래서 내가 사체해부에까지 몰고가려는 충동을 얼마나 강하게 느꼈는지를 몰라서 이러시는군. 그걸 아신다면 이보다 세 갑절이나 많은 돈을 청구한대도 불평을 하지 않을 거외다.』

44. 결혼 10년

A man who had been married for ten years was consulting a marriage counselor.

"When I was first married, I was very happy. I'd come home from a hard day at the office, and my little dog would race around barking, and my wife would bring me my slippers. Now everything's changed. When I come home, my dog brings me my slippers, and my wife barks at me."

"I don't know what you're complaining about," said the counselor. "You're still getting the same service."

결혼한 지 10년 되는 사람이 결혼상담소를 찾았다. 『갓 결혼해서는 행복했습니다. 사무실에서 고된 하루를 마치고 집에 가면 강아지가 달려와서 까불면서 짖어댔고, 마누라는 슬리퍼를 갖다 주곤 했어요. 그런데 지금은 딴판입니다. 집에 가면 슬리퍼를 갖다 주는 건 강아지고 짖어대는 것은 마누라니 말입니다.』

『두 가지 서비스를 여전히 똑같이 받고 있으면서 뭐가 못마땅하다는 것인지 알 수 없군요』라고 상담소 사람은 말했다.

45. 통풍(痛風)

Harrigan's wife had often come to her parish priest with complaints of her husband's continual drinking and late hours.

One day, the priest boarded a bus, spotted Harrigan deeply immersed in the paper, and sat down beside him. Finally Harrigan looked up, nodded, and said, "Father, what causes gout?"

"Gout," said the priest, "is usually the result of too much drinking, late hours and sinful life."

"Well," said Harrigan with a smirk, "it says here that Pope's got gout bad."

▶ parish priest : 교구신부
▶ be immersed in : ～에 몰두하다
▶ gout : 통풍(痛風)
▶ smirk : 능글맞은 웃음

해 리건의 아내는 남편이 매일같이 술을 마시고 늦게 귀가한다고 신부님에게 자주 푸념했다.

어느날 버스에 탄 신부님은 신문을 열심히 읽고 있는 해리건을 발견하고는 곁에 가서 앉았다. 마침내 고개를 치켜 든 해리건은 꾸벅 인사를 하고는 『참 신부님, 통풍은 어떻게 걸리는 겁니까』 하고 물었다.

『통풍은 말일세, 보통 과음하며 밤늦도록 밖에서 죄스런 시간을 보낼 때 걸리는 거라네.』

『그렇군요. 그런데 이 신문을 보니 교황께서 심한 통풍에 걸렸다는군요』라고 해리건은 빈정거렸다.

46. 골프광(I)

Porter was lining up his putt on the 8th green when suddenly a women dressed in a bridal gown came running toward him.

"This is our wedding day," she shouted. "How could you do this to me?"

"Listen, Linda," said the golf nut, "I told you only if it's raining. Only if it's raining!"

▶ line up one'putt : 퍼트를 칠 준비를 하다, putt는 골프장 그린 위에서의 가벼운 타구

▶ bridal gown : (여자의) 결혼드레스

포터가 8번 그린에서 퍼팅을 칠 준비를 하고 있는데 갑자기 웨딩드레스차림의 여자가 나타나서 그에게 달려왔다.

『우리가 결혼식을 올리기로 한 날인데 어쩌면 이럴 수가 있어요』라고 여자는 소리쳤다.

『이봐 린다, 내가 뭐랬어. 만약 비가 내린다면 식을 올리자고 했잖아, 비가 내린다면 말야.』

47. 발 명

The rural lady had been coming in to the city hospital regularly to give birth to her annual child. When she was packing up to go home after tenth trip, the nurse said :

"Well, Mrs. Morton, I suppose we'll be seeing you again next year, as usual."

"Oh, no, ma'am," drawled Mrs. Morton. "My husband and I just found out what's been causing it."

▶ pack up : 짐을 꾸리다
▶ drawl . 질질빼며 느릿느릿 이야기하다

시골여인이 해마다 도시에 나와 병원에 입원하여 연년생을 분만하곤 했다. 열번째 아이를 해산하고 나서 집으로 돌아가려고 짐을 꾸리는 그녀를 보고 간호사가 한 마디 했다.

『자아, 모튼 부인, 이제 명년 이맘 때가 돼야 또 뵙겠네요?』

『천만에요』 하고 모튼 부인은 느릿느릿 말했다.

『우리집 양반이랑 나는 이제 그 까닭을 알아 버린 걸요.』

48. 항 변

Little Freddy was watching TV upstairs when he was told to go downstairs and entertain his sister's beau while she finished dressing.

Disgusted at having to leave his favorite program, Freddy faced the young man and asked :

"Why do you have to come and see my sister every night ? Ain't you got one of your own ? "

▶ beau : (특히 젊은 여성의) 남자친구
▶ entertain : 즐겁게 하다, 위로하다
▶ disgusted : 넌더리가 나서, 역정이 나서
▶ face : 용감하게 맞서다

위층에서 TV를 보고 있는 어린 프레디를 보고 누나는 자기가 옷을 차려 입을 때까지 아래층에 가서 누나의 남자친구와 함께 놀라고 했다.

재미있는 프로그램을 보다 말고 자리를 떠야 하는 사실에 역정이 난 꼬마녀석은 그 청년에게 대들면서 물었다.
『어째서 매일밤 우리집에 와서 우리 누나를 만나는 거야. 집에 누나가 없어 ? 』

49. 재 치

Three men argued as to the meaning of savoir-faire. One man suggested it could be defined by imagining he came home to find his wife kissing another man and thereupon taking off his hat to the man and saying, "Excuse me ! "

"No, " said the second man, "but if I tipped my hat and said, 'Excuse me, continue, ' that would be savoir-faire. "

"I don't agree with either of you, " said the third man. "Now if I tipped my hat and said, 'Excuse me, continue' And if then the man continued, then he has savoir-faire. "

▶ savoir-faire : (프랑스어) 임기응변의 재치
▶ tip : (인사하기 위해) 모자에 손을 대거나 벗다

임 기응변의 재치란 어떤 것인가를 놓고 세 사내가 왈가왈부했다. 한 사내는 집에 돌아와 아내가 외간 남자와 키스하는 장면에 마주치자 모자를 벗으면서 『이거 죄송합니다』라고 말하는 경우를 상정하고는 그것이 임기응변의 재치라고 했다.

『아냐』라고 다른 사내가 말했다. 『모자를 벗고 「죄송합니다. 계속하세요」라고 한다면 그게 임기응변의 재치라는

거야.』

　『자네들 둘 다 틀렸어』하고 세번째 사내가 나섰다. 『내가 모자를 벗으면서「죄송합니다. 계속하세요」라고 했을 때 그 사내가 계속한다면 그게 바로 임기응변의 재치일세.』

50. 친 절

A man walked into a restaurant in a strange town. The waitress came over and asked him what he wanted. Feeling lonely he replied, "Two fried eggs, and a kind word. "

The waitress said nothing but went inside to give the order. When she came back with his food, the out-of-towner said, "Thanks for the eggs, but where's the king word ? "

The waitress leaned over and whispered, "Don't eat the eggs ! "

　낯선 곳에 온 사람이 식당에 들어갔다. 웨이트리스가 와서 『뭣을 드릴까요』하고 물었다. 외로운 기분이 들었던 그는 『달걀 프라이 둘하고 친절한 한 마디』를 주문했다.

　여자는 아무 소리 않고 안쪽으로 가서 주문을 전달했다. 웨이트리스가 달걀 프라이를 가지고 오자 타관 손님은

『달걀 고마워요. 한데 친절한 한 마디는 어디 있어요?』
하고 물었다.

웨이트리스는 몸을 기우뚱하더니 『그 달걀 먹지 마세요!』라고 귀띔했다.

51. 화대(花代)

When the man walked into the hotel he noticed a very pretty blonde sitting in an easy chair. A couple of exchanged looks, a smile and nod, and they walked over to the register desk arm in arm.

The man signed, "Mr. and Mrs. Jack Jones."

The next morning when he checked out and asked for the bill it was $3,850.

"What!" screamed the man to the desk clerk. "I have only been here one night!"

"I know," replied the clerk, "but your wife has been here for a month."

▶ register desk : (호텔의) 숙박기록계
▶ arm in arm : 서로 팔짱을 끼고

호텔에 들어선 사내는 안락의자에 앉아 있는 대단한 금발미녀를 발견했다. 두어 번 시선이 마주쳐서 서로 미소를 교환하고 고개를 끄덕이더니 두 사람은 함께 팔짱을 끼고 카운터로 갔다.

사내는 「잭 존스 부부」라고 숙박부에 서명했다.

이튿날 아침에 체크아웃을 하면서 계산서를 받아 보니 3,850달러였다.

『뭐야! 단 하룻밤 잤는데……』 하고 사내는 카운터의 담당자에게 소리쳤다.

『잘 알고 있습니다. 하지만 부인께서는 한 달이나 계셨거든요.』

52. 골 퍼

George : "Do you know what kind of a guy plays golf ? "

Joe : "Golfer is one who can tote 25 pounds of eguipment several miles, but needs junior to bring him the ashtray. "

▶ tote : (미국 구어) 나르다, 짊어지다
▶ junior : 아들

조 지 : 『어떤 사람이 골프하는지 알아?』
조 : 『골퍼란 25파운드나 되는 연장을 몇마일이나 메고 다니면서도 재떨이는 아들더러 가져오라고 하는 사람이야.』

53. 꽃

A law firm sent flowers to an associate firm upon the opening of its new office. Through some mix-up, the ribbon which bedecked the floral piece read : "Deepest sympathy."

When the florist was informed of his mistake, he let out a cry of alarm. "Good heavens, then the flowers that went to the funeral said, 'Congratulations on your new location.'"

▶ mix-up : 혼란, 착오
▶ bedeck : ~을 (~으로) 꾸미다
▶ floral : 꽃의
▶ deepest sympathy : 조의를 표시하는 말

어느 법률회사가 새로 개업하는 다른 법률사무소에 화환을 보냈다. 그런데 착오로 그 화환에는 『심심한 조의를 표합니다』라는 리본이 붙어갔다.

이 착오에 관해 연락받은 꽃가게 주인은 아연실색하면서 소리쳤다.

『맙소사, 그렇다면 초상집에는 「개업을 축하합니다」라고 써붙인 화환이 갔겠군.』

54. 각양각색

The head of a family complained to three friends — an Englishman, a Scotsman, and an Irishman — that an awkward or careless servant girl was constantly breaking his china, and asked their advice as to what he should do with her.

The practical Englishman said, "Dismiss her." "Take it out of her wages," said the thrifty Scot. The man explained that the wages were less than the amount of damage. "Then raise her wages," said the Irishman.

어느 집 가장이 잉글랜드인, 스코틀랜드인, 아일랜드인 해서 세 친구에게 푸념했다. 서툰 탓인지, 주의가 부족한 탓인지 하인이 사기그릇들을 계속 깨뜨리는데 어떻게 하면 좋겠느냐는 것이었다. 실용주의적인 잉글랜드인은 그녀를 해고하라고 했다. 구두쇠인 스코틀랜드인은 급료에서 그 돈을 제하라는 것이었다. 그런데 그녀의 급료는 그것을 보상할 정도의 것이 못된다고 그는 설명했다.

『그렇다면 월급을 올려줘요』라고 아일랜드인은 말했다.

55. 밀　항

While visiting the U.S.A. , a lovely French girl found herself out of money. She was in despair until a sailor made her a proposion.

"My ship is sailing tonight. I'll hide you down in the hold. All it'll cost you is a little love. "

The girl consented and late that night the sailor smuggled her aboard.

The day turned into weeks until one day the captain noticed her presence. She told him the whole story.

"You know, Miss," said the captain, "this is a ferry boat. "

▶ hold : 선창

미국을 여행하던 예쁜 프랑스 아가씨가 무일푼이 되었다. 절망상태에 있는 그녀에게 어떤 선원이 제의를 했다.

『우리 배가 오늘밤 떠나요. 내가 선창에 숨겨 줄 테니 약간의 사랑으로 보답해 주기만하면 돼요.』

아가씨가 동의하자 그는 그날 밤 늦게 남몰래 그녀를 배로 데리고 올라왔다.

몇 주가 지난 어느날 그만 선장에게 발각되었다. 아가씨가 자초지종을 털어놓자 선장이 말했다.
『아가씨, 이건 연안연락선이에요.』

56. 7×5＝34

The coach pleaded with the professor who had flunked his prize tackle to give the boy another chance. Finally the professor agreed and did give his boy a special make-up exam.

The next day the coach again anxiously queried the professor. "How did he do?"

"I'm sorry," said the professor. "It's hopeless. Look at this……, $7×5＝34$."

"But, professor," said the coach, "give him a chance. He only missed it by one."

▶ flunk : 낙제점을 매기다
▶ prize : 일급의
▶ tackle : (미식축구의) 태클
▶ make-up exam : 추가시험

그의 축구팀의 1급선수가 낙제점수를 받자 코치는 담당교수에게 한번만 더 기회를 달라고 졸랐다. 마침내 교수는 그 학생에게 특별추가시험을 보게 했다.

이튿날 코치는 다시 교수를 찾아가 걱정스러운 표정으로 물었다. 『어떻던가요?』

『미안하지만 안 되겠어요. 이걸 봐요……, 7×5＝34.』
『하지만, 교수님 좀 봐주세요. 겨우 하나 상관을 가지고
뭘 그러세요.』

57. 모자상

A tiny but dignified old lady was among a group
looking at an art exhibition in a newly opened gallery.
Suddenly one contemporary painting caught her eye.

"What on earth" she inquired of the artist standing
nearby. "is that ? "

He smiled condescendingly. "That, my dear lady,
is supposed to be a mother and her child. "

"Well, then, " snapped the little old lady, "why
isn't it ? "

▶ dignified : 위엄있는
▶ contemporary painting : 현대화
▶ What on earth~ ? : 대관절 ~인가?
▶ condescendingly : 점잖게

몸집은 작지만 위엄이 당당한 할머니가 새로 개관한
미술관 전시회의 관람인들 틈에 끼여 있었다. 갑
자기 현대화 하나가 그녀의 주의를 끌었다.
『대관절 저게 뭡니까』 하고 할머니는 옆에 서 있는 화가
를 보고 물었다.

화가는 점잖게 미소지었다. 『저건 어머니와 아이를 그리려고 한 것입니다.』『하면 어째서 제대로 그리지를 않았어요』 하고 할머니는 쏴붙였다.

58. 예지(豫知)

The talk was about premonitions, and one of the company made a startling statement. He said that he knew a man who not only predicted the day of his death, but the nature of it ; and it all came about as he had said.

"But, " said one of the men, "where in the world could he have got the idea from ? "

"From the judge, " was the reply.

▶ premonitions : 예감
▶ a startling statement : 놀라운 이야기

예감이라는 것에 관해 한창 이야기들을 하고 있는데 좌중의 한 사람이 깜짝 놀랄 이야기를 했다. 자신이 죽는 날이 언제인지를 알고 있었을 뿐 아니라 어떤 식으로 죽을 것인지도 미리 알고 있는 사람이 있었는데 모든 것이 그가 예언한 대로였다는 것이다.

『하지만 대관절 그 사람이 어떻게 그걸 알 수 있었단 말인가』 하고 한 사람이 물었다.

『판사가 말해 줬단 말이야.』

59. 성 금

One of the classic stories on donation for tax purposes……．

A tax collector called on a local clergyman.

"According to our records," said the tax collector, "Mr. Jones, a member of your congregation, listed a thousand-dollar contribution. Did he really give that amount?"

"No," the clergyman replied with a twinkle in his eye, "but he will."

▶ donation : 기부, 증여
▶ congregation : 회중, (교회의) 신도들
▶ with a twinkle in eye : 눈이 반짝이면서

세금목저을 위한 성금에 관한 전형적인 이야기 한 토막…….

세무서원이 그 고장의 목사 한 분을 찾아갔다.

『우리 기록에 보면 이 교회의 신도인 존즈 씨가 1,000달러를 성금으로 낸 것으로 되어 있습니다. 과연 그런 금액을 성금으로 냈던가요?』 하고 세무서원은 물었다.

『아니오, 하지만 내게 될 것입니다』라고 말하는 목사님의 눈은 회색으로 반짝였다.

60. 양식(良識)

At the rural council, community leaders were discussing a proposal to build a wall round the churchyard. The general tone of the meeting was strongly in favor of the motion, until a member rose and said :

"It's obvious those outside the cemetery don't want to get in, and those inside can't get out. What on earth do we need a wall for ? "

The motion was dropped.

시골 부락회의에서 동네지도자들이 공동묘지에 담을 치는 문제를 거론했다. 논조는 대체로 담을 치자는 쪽으로 쏠리고 있었는데 그때 한 사람이 불쑥 일어나더니 말했다.

『공동묘지 바깥에 있는 사람들은 안으로 들어가려 들지 않고 그 안에 있는 사람들은 나올 수가 없다는 것이 분명합니다. 그런데 대관절 어째서 담이 필요하다는 것입니까?』

그 동의안은 기각되었다.

61. 미술애호가

In a room of his mansion, a nobleman once placed all his fine old paintings, and one mirror. Before each of these masterpieces, and also in front of the mirror, he laid a beautiful rug to protect his floor. This completed, the room began to serve as an art gallery. Now, after many years in such service, the rugs before the paintings are frayed thin with the passing of many feet. The rug before the mirror is almost new. It has been replaced for the twenty-fifth time.

▶ masterpiece : 걸작
▶ rug : 융단

어떤 귀족이 그의 저택 방 하나에 그가 갖고 있는 오래 된 좋은 그림들과 함께 거울 하나를 걸어 놓았다. 마룻바닥을 보호하기 위해 걸작품들과 거울 앞에는 미려한 융단을 깔아 놓았다. 이렇게 꾸며 놓은 그 방은 미술관 역할을 하게 되었다. 그런데 여러 해가 지난 지금 그림 앞에 깔린 융단들은 닳아서 얄팍해졌으나 거울 앞 융단은 거의 신품이나 다름없다. 거울 앞의 것은 스물다섯 번이나 새 것으로 바꿔 놓은 것이다.

62. 국 적

A Frenchman renounced his citizenship to become a British subject.

"What have you gained by it?" demanded a countryman.

"Well," said the former Frenchman, "for one thing, I have now won the Battle of Waterloo."

▶ renounce : 포기하다
▶ subject : (군주국의) 백성, 신하
▶ countryman : 같은 나라 사람
▶ the Battle of Waterloo : 워털루전투(벨기에 중부의 마을 워털루에서 벌어졌던 전투로 나폴레옹의 프랑스군이 영국군에게 대패했음)

프랑스 사람이 영국 국민이 되기 위해 프랑스 시민권을 포기했다.

『그렇게 해서 얻은 것이 뭐요』 하고 다른 프랑스 사람이 그에게 물었다.

『글쎄요. 첫째로 우리 나라가 워털루전투에서 승리한 것이 되었거든요』라고 이전에 프랑스인이었던 그는 대답했다.

63. 여창(女唱)

"Yours has been one of the happiest marriages I've ever known," said one of the guests to the host at a silver wedding party.

"Can you tell me how it has come about?"

"Well," replied the host, "when my wife and I married we came to an agreement that in all small matters my wife was to have her way, and in all important matters my word should be law."

"Yes," said the guest, "but did you find your wife always ready to give way in important matter?"

"We haven't had any since we married," replied the host.

▶ come about : 이루어지다
▶ have one's way : 뜻대로 하다
▶ give way : 양보하다

『두 분은 내가 알기로는 가장 금실이 좋은 한쌍으로 꼽힙니다』라고 은혼식에 온 손님이 남편을 보고 말했다. 『그 비결이 무엇인지 얘기해 줄 수 없을까요?』

『글쎄요. 결혼했을 때 우리는 합의를 봤어요. 사소한 일은 죄다 우리 집사람이 처리하고 중요한 일에 대해서는 내가 결재권을 갖기로요.』

『그렇군요. 한데 중요한 일이 있을 적마다 부인께서 결
재권을 양보해 주시던가요?』
　『결혼하고 나서 중요한 일이라고는 한번도 없었는걸요.』

64. 도 둑

"Well, my dear, " said the man as he was dressing,
"I suppose you were right when you told me last
night that there was a burglar in the house. "

"Why ? "

"Because all the money that was in my pocket is
gone when I went to bed. "

"Well, if you'd been brave and got up and shot
the wretch you'd have your money this morning. "

"Possibly, but then I should have become a
widower. "

She gave him back half the money.

▶ burglar : 도둑
▶ wretch : 치사한 놈, 비열한 놈
▶ widower : 홀아비

　　　『여보, 당신이 어젯밤에 도둑이 들었다고 하더니
진짜 도둑이 들었었나 보군』하고 옷을 입던 남
편이 말했다.
　『그건 왜요?』

『잠자리에 들기 전에 호주머니에 있던 돈이 몽땅 없어졌
으니 하는 말이오.』

『하면, 당신이 용감하게 자리에서 일어나 그 도둑놈에게
한 발 쐈다면 지금 그 돈은 그대로 있을 것 아니에요.』

『그랬을 테지. 하지만 난 홀아비신세가 됐을걸.』여자는
쓱싹했던 돈의 절반을 돌려주었다.

65. 골프광(Ⅱ)

George : "Hello, Gimmy ? Just trying out the new
phone on my golf car ! What hole are you on ? "
Jimmy : "The 15th, Hold on a minute, my other
phone is ringing. "

조 지 :『이봐 지미야? 나 골프차에 새로 전화를 달
고 시험하고 있는 걸세. 자네 몇홀에서 치고 있
나?』

지미 :『15번 홀일세. 잠시 기다리게나. 다른 전화 받아
야겠어.』

66. 정 치

During the rebellion in Ireland, an Irishman went to confession and said he had killed a British policeman. Hearing no comment from the priest, he said, "Father, are you dead？"

"Dead I'm not," replied the priest. "I'm waiting for you to stop talking politics and start confessing your sins."

▶ rebellion : 반란
▶ confession : (천주교)고해(성사)
▶ Dead I'm not. : I'm not dead를 강조하기 위한 도치형

아일랜드에서 반란이 일어났을 때의 일이다. 고해성사에 나온 어떤 사람이 영국 경찰관을 죽였다고 했다. 그런데 신부로부터는 아무런 반응이 없었다. 그래서 그 사람은 『신부님, 돌아가셨어요』 하고 물었다.

『죽기는 왜 죽어요. 정치 이야기일랑 그만하고 죄를 고해 주기를 기다리고 있는 겁니다』라고 신부님은 대답했다.

67. 결혼조건

A college student had been dating a pretty, vivacious, young blonde and brought her home one weekend for his parents to meet. Then, suddenly, the whole thing was off. When his father asked him what happened, he produced a letter she had written him setting forth what she expected out of marriage : a beautiful home, trip abroad, a convertible, and more.

"How in the world did you answer the letter ? " the father asked.

"Oh, " the son replied, "I merely told her that when I married I hoped to have children……, but I didn't want my wife to be one of them. "

▶ vivacious : 발랄한, 생기있는
▶ set forth : 밝히다, 제시하다
▶ convertible : 지붕을 접을 수 있는 승용차
▶ How in the world~ ? : 대관절 어떻게 ~

예쁘고 발랄한 금발의 처녀와 사귀던 대학생은 주말에 그녀를 데리고 와서 부모님께 인사시켰다. 그러더니 그들의 교제가 딱 끊겨 버렸다. 아버지가 까닭을 묻자 아들은 여자로부터 받은 편지를 내보였다. 그녀가 요

구하는 결혼의 조건을 제시한 것이었다. 좋은 집, 외국여행, 고급차 등.

『그래서 대관절 뭐라고 회답을 했어?』 아버지가 물었다.

『결혼해서는 어린아이를 갖고 싶지만 어린애하고 결혼할 수는 없다고 했지요.』

68. 화 석

Fifteen-year-old Sammy came running out of a burlesque show where he had just seen a stripper in action.

"Why are you in a hurry?" asked the manager.

The young man skidded to a stop and replied excitedly.

"My mother told me that if ever looked at anything bad I would turn to stone — and I've started."

▶ burlesque : (미국 구어)벌레스크(외설스런 노래, 스트립 쇼 등으로 엮어진 통속적 희가극)

▶ skid : (자동차가 브레이크가 걸린 상태에서) 미끄러지다

▶ turn to stone : 돌로 변하다

벌레스크 쇼에서 막 스트립 쇼를 구경하던 15세의 새미 군이 밖으로 뛰쳐나왔다.

『뭐가 그렇게 급한가?』 하고 지배인이 물었다.

갑자기 멈추는 바람에 미끄러져 나가면서 소년은 들떠서 말했다.

『우리 어머님이 그러시는데요, 뭔가 못된 것을 보면 돌덩이가 되어 버린 댔어요. 그런데 난 지금 굳어지기 시작했단 말이에요.』

69. 재 능

Three drawings are required to complete the admission application at the Rode Island School of Design. The school requests a shoe, a bicycle and an object of your choice. Once an admission official found in an application only the shoe and bicycle drawings, plus a note : "For my free drawing, I drew the postage stamp which is on the envelope."

There was no doubt about the applicant's artistic skills. The post office had postmarked her stamp.

▶ object of choice : 임의로 선택하는 대상물
▶ postmark : (편지에) 소인을 찍다

로드아일랜드 도안학교에 입학을 지망하는 사람은 세 가지 그림을 원서와 함께 제출해야 한다. 이 학교는 구두 그림, 자전거 그림 그리고 지원자 자신이 임의로 선택한 대상물의 그림을 요구한다. 한 번은 원서접수계원이 구두와 자전거의 그림만이 첨부된 원서를 접수했는

데, 거기에는 메모가 붙어 있었다.

『자유선택물로는 우표를 그려서 겉봉에 사용했습니다.』

우체국이 그 우표에 소인을 했으니 그녀의 예술적 재능에는 의문의 여지가 없었다.

70. 배상능력

A restaurant owner in a big city summoned a new waiter to his office. "You've been here less than a week," he said, "and you've already broken more dishes than the total of your week's salary. How can we handle this problem in the future?"

"Well, sir," said the waiter, "you could give me a raise."

▶ summon : 소환하다, 불러오다
▶ raise : 급료인상

어느 큰 도시의 레스토랑 주인은 새로 채용한 웨이터를 그의 방으로 불러들였다.

『자네는 여기 온 지가 1주일도 채 안 되는데 그 동안에 벌써 1주일분의 급료보다도 더 되는 접시들을 깨 버렸어. 장차 이 문제를 어떻게 처리하면 좋겠어?』

『그건 말입니다, 저의 급료를 올려주면 될 것 아닙니까』라고 웨이터는 대답했다.

71. 팁

A sheik from an Arab country tipped a New York restaurant waiter $100. Astonished, the waiter said, "I think you made a mistake."

"Let that be a lesson to you," said the sheik. "If you expect me to come in here again, the service has got to improve."

▶ sheik : (회교도 민족의) 가장, 족장, 수장
▶ astonish : 깜짝 놀라게 하다
▶ Let that be a lesson to you : 그것으로부터 교훈을 얻어라

어느 아랍국가의 족장이 뉴욕의 한 레스토랑에서 웨이터에게 팁으로 100달러를 줬다.

웨이터는 깜짝놀라면서 『이거 잘못 주시는 게 아닙니까』하고 물었다.

『버릇 고치라고 그러는 걸세. 내가 다시 찾아와주기를 바라는 거라면 서비스가 좋아져야겠어』라고 그 족장은 말했다.

〈호탕하기로 유명한 아랍 족장은 서비스에 대한 불만을 표시하기 위해 팁을 100달러만 주기로 했으나 받는 측에서 일찍이 받아 본 적이 없는 거액이라서 어리둥절〉

72. 복권사(福券死)

A seventy-five-year-old man won \$100,000 in the sweepstakes. Since the grandfather had bad heart, the family was afraid the fact might excite and kill him. So they had their pastor come over and tell the old man the news. The pastor asked the patient what he would do if he won \$100,000.

"I'd give you and the church half of it," said the man. At this, the pastor fell over dead.

▶ sweepstakes : 건 돈을 승자에게 모두 주는 도박, 복권
▶ fall over : 앞으로 고꾸라지다

75세의 노인이 10만 달러짜리 복권에 당첨됐다. 그런데 심장병이 있는 할아버님께 그 사실을 알렸다가는 너무 감동하여 숨을 거두지나 않을까 하는 것이 식구들의 걱정이었다. 그래서 목사님을 불러다가 이 사실을 알리게 했다. 목사님은 노인을 보고 만약 10만 달러가 생긴다면 어떻게 하겠냐고 물었다.

『목사님과 교회에 반을 드리리다』 하고 할아버지는 대답했다.

이 소리를 들은 목사님은 앞으로 고꾸라지더니 그만 숨을 거두었다.

73. 노인과 소년

An elderly man emerged from the movie house, which was showing an "Adults Only" motion picture, and noticed a boy of six sitting on the curb and crying. The man asked him what was wrong and the boy said "I'm crying because I can't do what the big boys do." Whereupon the old man sat down next to the little boy and started to cry, too.

▶ Adults Only : (극장의 게시문) 미성년자 입장불가
▶ emerge from : ～로부터 나오는
▶ curb : (보도의) 연석(緣石)

성 인들에게만 관람이 허용되는 영화를 상영 중인 영화관에서 나온 노인은 길가에 주저앉아 엉엉 울고 있는 여섯 살짜리 소년을 눈여겨봤다. 무엇 때문에 울고 있느냐고 영문을 물은즉 『큰 아이들처럼 할 수 없어서요』라고 대답하는 것이었다. 이 소리를 듣자 노인도 그 소년 곁에 주저앉아 함께 울기 시작했다.

74. 취객(醉客)

The bell captain at a New York hotel received a call from a guest in the wee small hours, asking what time the hotel bar opened.

"It opens at ten A. M. , sir, " said the bell captain.

An hour later, the guest phoned again to ask what time the hotel bar opened. He received the same response. Two hours later, the guest phoned again to ask when the bar opened. By now the bell captain's patience had worn thin.

"Look, sir, there's no way you can get in the bar until ten. "

"Get in, " said the guest. "I want to get out. "

▶ bell captain : bell boy의 장
▶ wee small hours : 한밤중(새벽 한두 시)
▶ wear thin : 많이 닳다

뉴욕의 어느 호텔 급사장은 한밤중에 손님으로부터 호텔바가 몇시에 문을 여는가를 묻는 전화를 받았다.

『오전 10시에 엽니다』라고 그는 대답했다.

한 시간쯤 지나자 그 손님은 다시 바가 몇시에 문을 여느냐고 물어왔다. 그래서 같은 대답을 해 줬다. 두 시간

후 그 손님은 또다시 같은 질문을 해 왔다. 이쯤되니 급사장도 짜증이 났다.

『이보세요. 10시 전에는 바에 들어갈 수가 없대두요.』

『누가 들어간 댔어. 난 여기서 나가야겠단 말이야.』

75. 사모님

The couple had just checked into a New York hotel. The bellhop had shown them to their suite, deposited their luggage, and turned on the air conditioner.

"Anything else for you, sir?"

"No," said the visitor.

"Can I bring you anything for your wife?" he asked again.

"Oh, yes, where can I find some stationery?"

▶ bellhop : (호텔의) bellboy
▶ suite : 호텔의 특실(거실과 침실이 연결된 방)
▶ deposit : (물건을) 두다
▶ stationery : 편지지, 문방구

남녀 한쌍이 뉴욕의 한 호텔에 체크인했다. 두 사람을 방으로 안내하면서 짐을 내려놓은 호텔종업원은 냉방장치를 가동시키고는 물었다.

『뭐 도와드릴 것 없을까요?』

『됐네.』

『사모님한테 드릴 것 뭐 갖다 올릴까요』하고 그는 다시 물었다.

『참 그래, 편지지 어디 있지?』

76. 전 근

After working three years in the Los Angles office of a big talent agency, the pretty young secretary was transferred to their Manhattan headquarters. Trying to make her feel at home, her boss invited her into his office and said : "I'm sure you'll adjust to our New York operation, Miss Tracy. We do things here pretty much the same as in the L. A. office."

The girl nodded and said, "That's fine, sir. Would you like me to lock the door?"

▶ talent agency : 연예인들의 대행업소
▶ transfer : 전근시키다
▶ adjust to : ~에 적응하다

큰 연예인 소개소의 로스앤젤레스 사무소에서 3년간 근무한 예쁜 비서아가씨가 뉴욕 본사로 전근했다. 아가씨의 마음을 편케 해 주려고 새 상사는 그녀를 그의 방으로 불러들였다. 『이곳에서 하는 일도 잘 해낼 수 있을 거요. LA쪽에서 하는 것과 대동소이한 일이니깐.』

아가씨는 고개를 끄덕였다. 『알겠습니다. 문을 잠그고 올까요?』

77. 경영학

Two partners who studied business administration at a prestigious university opened a store that failed in a month. A third man, who had no schooling, bought the store from them and built a huge success.

They said to him : "We can't understand it. We studied business administration and failed. You, who never went to school, are a big success. Why ? "

"I buy a thing for one dollar and sell it for two dollars. I'm satisfied with my one percent profit, " he said.

명문대학에서 경영학을 공부한 두 동업자가 장사를 시작했으나 한 달만에 실패로 끝났다. 그러자 일자무식한 사람이 그것을 인수하여 대성했다.

『알 수 없는 일이로군요. 우리는 경영학을 공부했는데도 실패했습니다. 그런데 학교에 전혀 다녀본 적이 없는 당신은 대성했어요. 어찌 된 일입니까』 하고 두 사람은 물었다.

『난 1달러에 사서 2달러로 팝니다. 1%만 남기면 된다 이겁니다』라고 그는 대답했다.

78. 임신부

A little boy was in the habit of sucking his thumb all the time. His mother tried every way to break him of the habit. Then, one day she pointed to a fat man with a very large stomach and said that he had grown his stomach because he did not stop sucking his thumb.

The next day the child was with his mother in a supermarket, and kept staring at a pregnant woman. Finally, he said to the woman : "I know what you have been doing."

▶ be in the habit of : ～하는 버릇이 있다
▶ stare : 뚫어지게 바라보다

꼬마녀석은 노상 엄지손가락을 빨아대는 버릇이 있었다. 그 버릇을 고치려고 어머니는 별의 별 짓을 다해 보았다.

어느날 배가 아주 불룩한 뚱뚱한 남자를 보자 어머니는 그 사람을 가리키면서 손가락을 마냥 빨아대니 그런 꼴이 된 거라고 했다.

이튿날 어머니를 따라 슈퍼마켓으로 간 꼬마는 임신한 여자를 뚫어지게 바라보았다. 마침내 꼬마는 그 여자를 보고 한 마디 했다. 『아줌마가 무슨 짓 했는지 난 다 안다.』

79. 동물원

A woman took her three kids to the zoo. When they got to the monkey island, it was empty. Since her children wanted very much to see the monkeys, she found a zoo-keeper and inquired as to the whereabouts of the monkeys. "They are all in the back of the cave," replied the zoo-keeper. "It's the mating season, you know."

"If we throw some peanuts down to them do you think they'll come out?" inquired the woman.

"I doubt it!" replied the zoo-keeper. "Would you?"

▶ monkey island : (동물원의) 원숭이우리

어머니는 어린것 셋을 데리고 동물원으로 갔다. 원숭이우리에 가 보니 텅 비어 있었다. 애들이 원숭이를 보겠다고 사뭇 보채는 판이었으므로 어머니는 관리인을 찾아 원숭이들이 어디로 갔느냐고 물었다.

『다들 굴 속에 들어갔습니다. 지금이 발정기라서요』라고 관리인은 대답했다.

『땅콩을 던져 주면 나올까요』 하고 여자는 물었다.

『안 나올걸요. 부인 같으면 나오시겠어요』라고 관리인은 응수했다.

80. 신 부

The bride's mother had some old-fashioned ideas of marriage and passed them on to her daughter. "Never let your husband see you in the nude," she advised. "You should always wear something."

Two weeks after the wedding, the couple were preparing to retire when the fellow asked, "Has there ever been any insanity in your family?"

"No, not that I know of," she answered. "Why?"

"Well," said her husband, "we've been married two weeks now and every night you've worn that damn hat to bed."

▶ old-fashioned idea : 구식 생각
▶ pass on : 넘겨주다
▶ in the nude : 알몸으로
▶ retire : 잠자리에 들다

어머니는 시집가는 딸에게 자신의 케케묵은 결혼관을 물려주었다. 『남편에게 네 알몸을 보여서는 안 돼. 언제나 뭔가를 몸에 걸치고 있어야 하느니라』라고 타일렀다.

결혼한 지 2주일 되는 날 잠자리에 들면서 남편은 『당신

집안에 혹 머리가 이상한 사람이 있었던가」 하고 물었다.
『아뇨, 내가 알기로는 없었어요. 한데 그건 왜요?』
『글쎄, 우리가 결혼한 지 2주가 되는데 당신은 밤마다
그 놈의 모자를 쓰고 잠자리에 드니 말이오.』

81. 앵무새

"Herbert," said the mother to her six-year-old
son, "is it possible that you are teaching parrot to
use dirty slang?"

"No, mamma," replied Herbert. "I was just telling
him what not to say."

▶ parrot : 앵무새
▶ dirty slang : 상스러운 속어

『애, 허버트야. 설마하니 네가 앵무새에게 상소리
를 가르치고 있는 건 아닐 테지』 하고 어머니
가 여섯 살된 아들아이에게 물었다.
『아니야, 엄마. 난 어떤 말을 해서는 안 되는가를 이야
기해 줬을 뿐이야』 하고 허버트는 대답했다.

82. 골프광(Ⅲ)

Martin : How come you're so late?
Williams : I had to toss a coin between church and golf.
Martin : Then why are you so late?
Williams : I had to toss seventeen times!

▶ how come~ ? : 어째서~인가?
▶ toss a coin : 동전 던지기로 정하다

마 틴 :『자네 어째서 이렇게 늦었어?』
윌리엄스 :『교회에 갈 것이냐, 아니면 골프장에 갈 것이냐를 결정하기 위해 동전을 던져 보느라고 말야.』
마틴 :『그렇다면 이렇게까지 늦을 까닭이 없잖아?』
윌리엄스 :『열입곱 번이나 던져 봤거든!』

83. 스 타 일

A stylish lady entered a millinery shop and pointed out a hat in the window.

"That red one with the feathers," she said, "could you take it out of the window for me？"

"Certainly, madam," the clerk agreed "I would be happy to."

"Thank you very much," said the lady as she moved toward the exit. "The awful thing upsets me every time I pass by."

▶ millinery : 모자가게
▶ upset : 당황하게 하다, 속이 뒤틀리게 하다
▶ pass by : ～를 지나치다, 통과하다

멋쟁이 여인이 모자가게에 들어서더니 쇼윈도에 걸려 있는 모사 하나를 가리키면서 말했다.

『저 깃털 달린 빨간 모자요. 저걸 꺼내 주실 수 없을까요？』

『꺼내 올리다마다요』 하며 점원이 말했다.

그러자 여자는 나가려고 돌아서면서 말했다.

『대단히 고맙군요. 실은 이 집 앞을 지나다닐 때마다 그 꼴사나운 모자를 보기만 하면 비위가 뒤틀린단 말이에요.』

84. 국위선양

In what they thought would be a great propaganda coup for the enhancement of their national prestige, a Russian government agent sent an order to an American rubber company for 1,000 gross of contraceptives, 18 inches long and 8 inches in circumference.

The American rubber company, well aware of the Russian motive, filled the order. But each container was labeled ; MEDIUM.

▶ propaganda coup : 선전상의 쾌거
▶ the enhancement of national prestige : 국위선양
▶ gross : 그로스(12다스, 곧 144개)
▶ contraceptive : 피임구
▶ circumference : 둘레

국위선양을 위한 선전효과가 대단히 클 것이라는 판단 아래 소련의 한 정부기관은 미국의 고무회사에 길이 18인치에 지름 8인치의 콘돔 1,000그로스를 주문했다.

소련쪽의 저의를 눈치챈 미국 회사는 그 주문에 응했다. 그러나 소련쪽 포장마다 「중」 사이즈로 표시했다.

85. 참고서

A fellow was arrested for stealing a copy of Women's Wear Daily from a newsstand.

"I had to do it," he explained. "You see, I'm a pickpocket, and I have to know where the pockets are going to be in next year's clothes."

▶ women's wear : 여성의류
▶ newsstand : 신문판매대
▶ pickpocket : 소매치기

신문판매대에서 「여성의류신문」 한부를 훔친 사내가 검거되었다.

『나는 그 신문을 훔치지 않을 수가 없었어요』하고 사내는 그의 입장을 설명했다. 『있잖아요, 나는 소매치기거든요. 그러니 내년에는 옷 호주머니들이 어디에 붙어 있을 것인지를 알아야 할 것 아닙니까.』

86. 차멀미

The man got off the train, his face tinged with green. A friend who met him asked what was wrong.

"Train sickness," said the traveler. "I'm always sick when I ride backwards on a train."

"Why didn't you ask the man sitting opposite you to change seats with you?" asked his friend.

"I thought of that," said the traveler, "but there wasn't anybody there."

▶ tinge with green : (얼굴이) 창백하게 되다
▶ train sickness : 차멀미

어떤 사람이 얼굴이 창백해져서 기차에서 내렸다. 그와 마주친 친구가 웬일이냐고 물었다.

『차멀미라네』라고 여행하고 온 그 사람은 대답했다. 『나는 열차가 가는 쪽과 반대방향을 보고 앉아 있으면 어김없이 차멀미를 한다네.』

『그렇다면 앞 자리의 사람과 바꿔 앉자고 했으면 될 것 아닌가?』

『나도 그 생각은 했지. 그렇지만 앞 자리에 어디 사람이 있어야지.』

87. 과잉효과

A man charged with murder bribed a friend on the jury to hold out for a verdict of manslaughter. The jury was out for several hours, but at last it brought in a verdict of manslaughter.

When his friend visited him in prison, the defendant said : "Was it tough convincing the other ? "

"It sure was, " said his friend. "They wanted to acquit you. "

▶ verdict : (배심원들의) 평결
▶ manslaughter : 단순살인, 고살[姑殺, 모살〈謀殺(murder)〉과는 달리 사전에 모의가 없었던 살인행위]
▶ acquit : 무죄방면하다

살인죄로 기소된 사내가 배심원의 한 사람인 친구를 매수하여 단순살인으로 평결을 받게 해 달라고 했다. 몇시간을 밖에서 숙의하고 들어온 배심원들은 마침내 단순치사로 평결을 내렸다.

나중에 감옥으로 찾아온 친구에게 피고가 물었다.

『단순치사가 되도록 설득하기가 어렵던가 ?』

『정말 어렵더군. 그 사람들은 무죄로 하자지 뭔가.』

88. 참여의식

The mother noticed that her older daughter wouldn't play with little Alice.

"Dear, why aren't you and your friends nicer to Alice?" she asked.

Her daughter answered indignantly : "Because she's too young and she ruins everyting."

"Please let Alice play with you and be more patient with her."

Later, the mother glanced outside and saw Alice sitting alone.

"Alice," she called, "aren't the girls playing with you?"

"Oh yes, Mama," Alice answered happily. "I'm the maid and it's my day off."

▶ indignantly : 분격하여
▶ one's day off : 휴무일
▶ ruin : 망치다

어머니가 보니까 큰딸은 동생을 놀이에 끼워주지 않고 있었다.
『얘, 어째서 너희는 앨리스를 데리고 놀지 않니?』
『너무 어려서 판을 깨니까 그렇죠』라고 큰딸이 짜증을

냈다.

『제발 참을성있게 함께 데리고 놀아라.』

얼마 후에 내다보니 앨리스는 외돌토리가 되어 앉아 있었다.

『넌 놀이에 끼워주지 않던』 하고 어머니가 물었다.

『아냐, 엄마. 난 식모인데 오늘은 쉬는 날이야』라고 하며 앨리스는 좋아했다.

89. 골프광(Ⅳ)

The husband and wife were having a heated argument.

"Your're always talking about golf. Golf! Golf! " she screeched. "You can't even remember what day we got married. "

"Sure I do, " he yawned, "it was the day after I sank that 40-feet putt on the 16th hole. "

▶ screech : 째지는 듯한 소리를 지르다
▶ sink : (공을 골에) 넣다
▶ putt : 퍼팅(골프 코스의 그린 위에서의 타)

부 부간에 격한 언쟁이 벌어졌다.
『당신은 입만 뻥끗했다 하면 골프애기밖에 몰라요. 그래서 우리가 언제 결혼했는지 그 날짜조차 모르고 있잖아요』 하고 아내는 목청이 찢어질 듯이 언성을 높였다.

『모르기는 왜 몰라. 그건 바로 내가 16번 홀에서 40피트 짜리 퍼팅을 쳐서 명중시켰던 다음 날이라구』라고 남편은 하품하면서 말했다.

90. 착 각

A foreign businessman who couldn't speak English came to New York and met a young woman. She couldn't speak the visitor's language, but they managed to have a good time with dinner, dancing, and a nightclub show.

Toward the end of the evening, the young woman said something in English that the man didn't understand. So she took a paper napkin and drew a picture of a bed on it.

To this day, the businessman marvels about how smart New York women are.

"Imagine, I only spent a few hours with her, and she figured out I was in the furniture business."

▶ marvel : 놀라다
▶ smart : 똑똑한

영 어를 모르는 외국기업인이 뉴욕에 와서 젊은 여자와 어울리게 되었다. 그 여자도 그 외국인의 말을 알아듣지 못했지만 두 사람은 식사하고, 춤추고, 쇼를 구경하면서 그럭저럭 즐겼다.

저녁시간이 끝날 무렵이 되자 여자는 영어로 뭔가를 이야기했으나 그 외국인에게는 통하지 않았다. 그러자 그녀는 냅킨에 침대를 그려 보였다.

이 기업가는 이날 이때까지도 뉴욕 여자들이 똑똑한 데 감탄하고 있다.

『겨우 몇시간을 함께 지내고는 내가 가구상이라는 걸 알아 버리더란 말야.』

91. 피카소

An American soldier who met Pablo Picasso in Paris told the artist that he didn't like modern paintings because they were not realistic. Picasso made no immediate reply. A few minutes later the soldier showed him a snapshot of his girl friend.

"My word!" said Picasso, "Is she really as small as that?"

▶ realistic : 사실주의의, 사실적인
▶ snapshot : 스냅사진
▶ My word! : 이런!

파 리에서 파블로 피카소를 만나게 된 미국 군인은 피카소의 현대화가 사실대로 묘사하고 있지 않기 때문에 마음에 들지 않는다고 했다.

이 소리를 들은 피카소는 당장에는 아무 소리도 하지 않
았다. 몇 분 후 그 군인은 그의 걸프렌드의 사진를 꺼내보
였다.

『이런, 당신 애인이 정말로 이렇게나 작은 여자란 말이
오』 하고 피카소가 한 마디 했다.

92. 주주(株主)

Near the end of the question-and-answer period
of an oil company's stockholders' meeting, an old
lady raised her hand and ventured timidly : "Mr.
Chairman, one thing has bothered me ever since I
bought stock in this company. When you build a
new gas station on a street corner, how do you know
you'll find oil ? "

▶ question-and-answer period : 질의응답시간
▶ venture timidly : 주저주저 하면서 감히 ~하다

어느 석유회사의 주주총회에서 질의응답이 끝날 무
렵에 할머니 한 분이 손을 치켜들더니 주저주저 하
면서 한 마디 했다.

『회장님, 내가 이 회사 주식을 사고 나서부터 내내 궁금
하게 여겼던 것이 한 가지 있어요. 거리 모퉁이에 주유소
를 새로 세울 때 거기서 기름이 나온다는 것을 어떻게 해서
알아내는가 하는 점입니다.』

93. 원숭이

The zoo keeper received an indignant complaint that the monkeys were playing poker and a warning that he should do something about it right away.

"That's all right," he soothed. "They're only playing for peanuts."

▶ an indignant complaint : 분노에 찬 항의
▶ right away : 당장
▶ soothe : 달래다
▶ peanuts : 아주 적은 금액

동물원 관리인은 원숭이들이 포거를 하고 있다고 노기등등해서 항의하는 사람으로부터 당장에 모종의 조치를 취해야 한다는 경고를 받았다.

『거 별것 아닙니다』 하며 관리인은 그 사람을 달랬다. 『기껏해야 땅콩 놀음인데 뭘 그러십니까.』

94. 인 정

> Einstein keenly felt the suffering of the people. No one was ever refused some sort of aid.
>
> One time he recommended four X-ray technicians for a single job that was open in a hospital. He could not bear to favor one of the four and so he recommended them all.

▶ keenly feel the suffering of the people : 사람들의 아픔을 예민하게 느끼다

▶ could not bear to favor : ～에게 호의를 베푸는 일이 견딜 수 없었다

아인슈타인은 남의 아픔에 대해 무척 예민했다. 그에게 도움을 청했다가 거절당한 사람은 아무도 없었다.

한 번은 단 한 사람만을 채용하기로 된 어느 병원의 X레이 기사실 빈 자리 하나에 네 사람을 추천한 적이 있었다. 네 사람 가운데 어느 한 사람에게만 호의를 베푼다는 것은 도저히 견딜 수 없는 일이었으므로 그는 네 사람을 모두 추천했던 것이다.

95. 노인과 미녀

The old gentleman took pity on the pretty girl swaying on the strap in the crowded street bus. He offered her a seat on his lap, assuring her that it was all right as he was an old man. She hesitated a moment and then ensconced herself in his lap.

The car had bounced along only a few blocks when the old gentleman spoke up.

"Miss," he said, "I think one of us will have to get up. I'm not as old as I thought I was."

▶ take a pity on : ~을 가엾게 여기다
▶ sway : 흔들리다
▶ ensconce oneself in : (좌석 등에) 편히 앉다

만 원버스에 탄 늙은 신사는 손잡이에 매달려 이리저리 흔들리고 있는 예쁜 아가씨를 보니 측은한 생각이 들었다. 그래서 늙은 사람이니 무슨 문제가 있겠느냐면서 아가씨를 보고 그의 무릎에 앉으라고 했다. 아가씨는 잠시 머뭇거리더니 그의 무릎에 주저앉았다.

차가 덜컹거리면서 몇 블록을 지나가자 노인은 입을 열었다.

『아가씨, 우리 둘 중 어느 한 사람이 일어서야 할 것 같군. 나는 생각보다는 젊은 편인걸.』

96. 수 금

The wealthy man was sitting in the living room, when his eldest son came to him.

"Dad," the boy stammered, "I got a girl in trouble, and she wants 2,000 dollars to keep quiet about it."

The father reluctantly wrote a check for the amount. Shortly after that, his second son came with the same problem, only this time the amount requested was 3,000 dollars.

While he was writing the second check, his youngest daughter appeared at the door weeping.

"Daddy, I think I'm pregnant."

"Aha," the man exclaimed gleefully. "Now we collect."

▶ stammer : 말을 더듬다
▶ in trouble : (구어) (미혼여성이) 임신하여
▶ collect : 수금하다

돈 많은 사람이 거실에 앉아 있는데 큰아들이 나타나서 더듬거리며 말했다.

『아버지, 처녀에게 아이를 배게 했는데 문제삼지 않을 테니 2,000달러를 내라는데요.』

아버지는 마지못해 수표를 써 줬다. 그런데 잠시 후 둘

째 아들이 들어오더니 똑같은 문제를 가지고 하소연을 했다. 다만 액수만이 3,000달러로 바뀌었을 뿐이었다.

그래서 또다시 수표를 쓰고 있는데 막내딸이 나타나서 흐느꼈다.

『아빠, 나 임신했나봐.』

『아하, 우리가 수금할 차례로구나』하며 그는 신이 나서 소리쳤다.

97. 주 일

The little boy was late for Sunday school, and the teacher asked him the reason.

"I started out to go fishing, but my dad wouldn't let me," the boy replied.

At this the teacher beamed broadly. "A wise father," he said. "He was quite right not to let you go fishing on a Sunday. Did he explain why?"

The little boy nodded. "Oh, yes. He said there wasn't enough bait for two of us."

▶ beam breadly : 밝게 웃다
▶ bait : 미끼

일요학교에 지각한 꼬마를 보고 선생님이 이유를 물었다.

『낚시하러 가려다가 아버지가 가지 못하게 해서요』라고

꼬마가 대답했다.

이 소리를 듣자 선생님은 희색이 만면했다.

『훌륭한 아버님이시군요. 주일날에 낚시하러 가지 못하게 하는 건 정말로 옳은 일이에요. 그래 아버님께서 이유를 설명하시던가요?』

꼬마는 고개를 끄덕였다. 『그럼요. 두 사람이 쓰기에는 미끼가 부족하댔어요.』

98. 계수(計數)

> Teacher : "Now, Thomas, what do five and one make ? "(No answer) "Suppose I gave you five dogs and then another dog, how many dogs would you have ? "
>
> Thomas : "Seven."
>
> Teacher : "Seven ? How would you have seven ? "
>
> Thomas : "Because I've got a dog of my own at home. "

▶ five and one make＝다섯 더하기 하나는～
▶ suppose＝만약 ～한다면

선 생 : 『자아 토머스, 다섯에 하나를 더하면 몇이 돼요?』 (대답이 없다.) 『가령 선생님이 토머스에게 다섯 마리의 개를 주고 나서 다시 한 마리를 더 준다면 개는 모두 몇마리가 되나요?』

토머스 : 『일곱 마리요.』

선생 : 『일곱 마리라고요? 어째서 일곱 마리가 되지요?』

토머스 : 『집에 개 한 마리가 있으니까요.』

99. 외 상

"Sonny, did you get my suit from the tailor?"

"He refused to give it to me without money, Pop."

"Didn't you tell him I thought you were too young to carry money?"

"Yeah, but he said he'll keep the suit until I get bigger."

▶ sonny : 애(소년에 대한 친근한 호칭)

▶ too young to carry money : 너무 어리기 때문에 돈을 가지고 다닐 수 없다

『애, 너 양복점에 가서 내 양복 찾아왔어?』

『아빠, 그 사람 돈을 가지고 와야 한다면서 양복을 주지 않던데 뭐.』

『네가 너무 어려서 돈을 맡길 수가 없다고 하더란 소리 안 했어?』

『했어요. 그랬더니 내가 좀 클 때까지 그 양복을 보관해 둔댔어요.』

100. 부전자전

A little boy saw his neighbor's attractive young
wife taking a sunbath in the yard.
"Why don't you wave at my daddy?" he called
out. "He's over there watching you through his field
glasses."

▶ take a sunbath : 일광욕을 하다
▶ yard : 마당, 뜰
▶ wave at : ~에게 손을 흔들어 인사하다
▶ field glass : 쌍안경

꼬마녀석은 젊고 예쁜 이웃집 아줌마가 뜰에서 일광욕을 하고 있는 것을 보고는 소리쳤다.
『우리 아빠보고 손흔들어 줘요. 아빠는 저기서 쌍안경으로 아줌마를 보고 있다구요.』

101. 탐험가

The sexy celebrity chaser had the famous explorer
cornered at a cocktail party.

"And what," she asked, "did you miss the most
when you were deep in the jungle ? "

"Not what you think, dear," replied the explorer.
"What I missed the most was toilet tissue."

▶ celebrity : 명사
▶ celebrity chaser : 명사를 쫓는 사람, 명사에 대한 관심이 많은 사람
▶ miss : ～이 없어서 곤란하다
▶ corner : 구석에 몰아넣다, 꼼짝 못하게 하다

명사라면 사족을 못쓰는 요염한 아가씨가 어느 칵테일 파티에서 유명한 탐험가를 상대로 공세를 벌였다.

『그래 밀림 속 깊숙이 들어가 있었으니 그때 제일 아쉬운 게 뭐던가요』 하고 아가씨는 물었다.

『아가씨가 생각하는 것과는 다른것이 있어요』 하며 탐험가는 대답했다. 『제일 아쉬운 것은 화장지더라구요.』

102. 불청객

The farmer was busy working in the field. when his son came to tell him that a man had just driven up to the house in a big car.

"Johnny, run back to the house as fast as you can and ask the man what type of work he does. If he says he's a travelling minister, run down the cellar and lock up my liquor cabinet. If he's a government man, lock the garage where I keep the still. And if he says he's a salesman, run to your ma and keep sitting on her lap until I get there."

▶ cellar : 지하실
▶ government man : 공무원
▶ still : 증류기

밭에서 바삐 일하고 있는 농부한테로 아들놈이 와서 어떤 사람이 큼직한 차를 몰고 왔다고 알렸다.
『너 어서 가서 뭣 하는 사람인지 물어 보렴. 여행나온 목사라고 하거든 얼른 지하실에 가서 술상자를 잠가야 한다. 관청에서 온 사람이면 술기구가 있는 차고 문을 잠가야 하고. 그리고 말이다, 물건팔러 온 사람이면 너의 어미한테 가서 내가 갈 때까지 무릎 위에 꼭 앉아 있어야 한다.』

103. 가정부(Ⅰ)

Rosita, a housemaid, had been working at the Greenberg's home for two years. One day she said, "Mrs. Greenberg, I'm pregnant and have got no husband. I don't know what to do."

Mrs. Greenberg, being a kindly woman, said, "Don't worry dear, have the child and I will talk it over with Mr. Greenberg and will adopt it."

▶ housemaid : 가정부, 식모
▶ pregnant : 임신한
▶ adopt : 양자로 삼다

가정부인 로시타는 그린버그네 집에서 2년간 일해왔다. 어느날 그녀는 그린버그 부인에게 하소연했다.

『아줌마, 나 임신했어요. 남편도 없이 이렇게 됐으니 어떡하면 좋죠？』

그린버그 부인은 성미가 고운 여자였으므로 『걱정 말고 아이를 낳도록 해라. 내가 아저씨와 의논해서 그 아이를 양자로 받아들이도록 하마.』

104. 가정부(Ⅱ)

A year and a half went by and the South American girl approached her employer, saying, "Mrs. Greenberg, I got another baby coming!"

Her employer was annoyed but didn't want to lose Rosita's services, so she adopted the second child, too. Three months after the birth of the second baby, Rosita went to Mrs. Greenberg and said, "I'm sorry, lady, but I'm leaving. I can't work for a lady with two children."

▶ be annoyed : 불쾌하게 느끼다, 노하다

그로부터 1년반 지난 어느날 남미태생의 이 가정부는 다시 주인 여자에게 하소연했다.

『아줌마, 나 또 아이를 가졌어요!』

부인은 화가 났지만 로시타가 계속해서 있어 주기를 바랐으므로 두번째 아이도 입양하기로 했다.

둘째 아이를 분만한 지 석 달되는 날 로시타는 또다시 그린버그 부인 앞에 나타났다.

『아줌마, 죄송하지만 저 나가야겠어요. 어린애가 둘씩이나 있는 집에서는 도저히 일을 해낼 수가 없어요.』

105. 고　백

"Before we get married," said the young man to his fiance, "I want to confess some affairs I've had in the past."

"But you told me all about those a couple of weeks ago," replied the girl.

"Yes, darling," he explained, "but that was a couple of weeks ago."

▶ affair : 정사
▶ confess : 고백하다

『결』혼하기 전에 과거지사를 고백해야 하겠는데 ……』하고 젊은이는 약혼녀에게 말했다.

『아니 그 일이라면 두어 주 전에 죄다 이야기했잖아요』하고 아가씨는 말했다.

『그랬었죠. 하지만 그로부터 두어 주가 경과한 걸요』라고 청년은 설명했다.

106. 장 사

A salesman was trying to have a country storekeeper
carry his product, and finally tried to bribe the fellow
with a bottle of champagne.

"Oh, my conscience wouldn't let me take a gift,"
the merchant protested.

"What if I sell it to you for a dime?" asked the
salesman.

"In that case," replied the merchant, "I'll take
two."

▶ carry : (상점이 어떤 상품을) 취급하다
▶ bribe : 매수하다, 뇌물을 주다
▶ dime : (미국)10센트 은화

어느 시골 가게에 그의 제품을 취급하게 하려고 애쓰
던 세일즈맨은 마침내 샴페인 한 병으로 그 가게
주인을 달래 보려고 했다.

『나도 양심있는 사람인데 어떻게 그런 걸 받을 수 있겠
어요』 하며 가게주인은 항의했다.

『10센트에 팔겠다면 사시겠어요』 하고 외판원이 물었
다.

『그렇다면 두 병 삽시다.』

107. 항 의

Mother : "Why aren't you going to school today, Tom ? "

Tom : "I'm not going back any more, because my teacher's gone crazy. "

Mother : "Gone crazy ? "

Tom : "Yes. One day she told us that four and one are five, and then yesterday she said that two and three make five. "

▶ four and one are : four and one make : 넷 더하기 하나는 ~이다

어머니 :『톰아, 너 어째서 오늘 학교에 가지 않니?』

톰 :『선생이 미쳐 버렸기 때문에 학교에는 이제 안 가기로 했어.』

어머니 :『미쳤다니?』

톰 :『그래 미쳤단 말야. 하루는 우리를 보고 넷하고 하나하고 하면 다섯이라고 해 놓고 어제는 둘하고 셋하면 다섯이 된다지 뭐야.』

108. 참 견(Ⅰ)

Claudia and her convent-raised young daughter were riding in a taxi one evening through an area in midtown notorious for prostitutes.

"What are those women waiting Mother?" inquired the girl.

"They're probably meeting their husbands there after work," replied Claudia.

"Oh, come on, lady," grumbled the cab driver.

"Why don't you tell her the truth? She's old enough."

▶ convent-raised : 수도원에서 키운

클로디아는 수도원에서 키운 어린 딸과 함께 어느날 저녁 택시를 타고 시내 중심가에서 살짝 벗어난, 사창굴로 유명한 한 지역을 지나가고 있었다.

『엄마, 저 여자들 누구를 기다리는 거예요』 하고 딸은 물었다.

『일을 마치고 나오는 남편들과 만나기로 했나봐』 하고 어머니는 대답했다.

『아아니 부인, 사실대로 얘기해 주실 것이지, 뭘 그러세요. 이제 알 만한 나이가 됐잖아요』 하고 택시운전기사가 못마땅해하면서 투덜거렸다.

109. 참　견(Ⅱ)

> "Please, Mom," said the girl. "I want to know."
>
> Looking daggers at the back of the driver's head, Claudia carefully explained the situation. When she finished the daughter asked, "But what happens to the babies those women have?"
>
> "They grow up," Claudia whispered loudly, "and become taxi drivers."

▶ come on : (반어적으로) 그만둬, 어이없군

▶ look daggers at : ～을 노려보다

그러자 딸이 졸라댔다.

『엄마, 제발 얘기해 줘요. 나 알고 싶다구요.』

어머니는 운전기사의 뒤통수를 잔뜩 노려보면서 조심스럽게 상황을 설명했다. 어머니의 이야기가 끝나자 딸은 다시 물었다.

『하면, 저 여자들이 낳은 애들은 어떻게 되죠?』

『그 애들은 말이다』 하고 어머니는 언성을 높였다. 『커서 택시운전기사가 된단다.』

110. 그린피

A young mother, having had very little time to get to a hospital, gave birth to a child on the hospital lawn. The father was greatly chagrined upon receiving a bill marked : "Delivery room — $ 170. " He wrote to the authorities, carefully explaining that he did not have to pay this fee because of the child being born on the lawn.

Several days later he received a new bill marked : "Green fees — $ 120. "

▶ be chagrined : 분해하다
▶ delivery room : 분만실
▶ green fee : 그린피(골프장 사용료)
〈골프장에서 green은 홀 주변의 잔디밭을 가리킨다(putting green이라고도 함)〉

해 산하기 직전에 병원으로 떠났던 젊은 산모는 미처 분만실로 들어가기도 전에 병원 잔디밭에서 아기를 분만했다. 병원으로부터 「분만실 사용료 170달러」를 청구받은 남편은 억울하기 짝이 없었다. 그는 아기를 잔디밭에서 분만했으니 이 돈은 낼 수 없다는 것을 자세하게 설명하는 내용의 서신을 병원당국으로 보냈다.

머칠 후 병원으로부터 새 청구서가 왔다. 「그린피 120달러」를 내라는 것이었다.

111. 가수지망

Friend : "I'm surprised at your voice."

Vocalist : "I studied and spent one million dollars to learn to sing."

Friend : "I would love to have you meet my brother."

Vocalist : "Is he a singer, too?"

Friend : "No, he's a lawyer. He'll get your money back."

▶ vocalist : 성악가

▶ would love to : ~하고 싶다

친구 :『자네 음성에 놀랐어.』

성악가 :『나는 성악을 공부한다고 100만 달러를 들였다네.』

친구 :『자네를 우리 형한테 소개해 줘야겠군.』

성악가 :『자네 형도 성악을 하시나?』

친구 :『아니야, 변호사라네. 자네가 줬다는 그 돈을 도로 받아내 줄 것일세.』

112. 구두쇠

The newly-recruited Scotch seaman who was a bad sailor was crossing the Channel. He went to the captain and asked him what he should do to prevent seasickness.

"Have you got a six pence ? " the captain asked.

"Aye, sir. "

"Well, hold it between your teeth during the trip, " said the captain.

▶ Scot : Scotsman : 스코틀랜드 사람(구두쇠로 자주 풍자된다)
▶ a bad sailor : 배멀미를 잘 하는 사람
▶ the Channel : the English Channel : 영국 해협
▶ aye : yes

배멀미를 잘 하는 신참선원이 영국 해협을 항해하게 되었다. 그는 선장을 찾아가서 배멀미를 하지 않으려면 어떻게 해야 하느냐고 물었다.

『6펜스짜리 은전 있나』 하고 선장은 물었다.

『네, 있습니다.』

『그럼 항해하는 동안 그걸 이빨 사이에 꼭 물고 있게나』 하고 선장은 충고했다.

113. 모령(毛齡)

Betty : "Daddy, the hair on your head is gray,
but the hair in your beard is black. Why is it ? "
Daddy : "Because the hair on my head is twenty-
five years older than the beard. "

▶ gray : 회색의, 희끗희끗한
▶ beard : 턱수염

베 티 : 『아빠, 아빠의 머리털은 희고 턱수염은 까만데, 그건 왜 그래?』
아빠 : 『그건 말이다, 내 머리의 털은 턱의 것보다 25살을 더 먹었기 때문이란다.』

114. 명 예(Ⅰ)

They thought more of the Legion of Honor in the
time of the first Napoleon than they do now. The
emperor one day met an old one-armed veteran.

"How did you lose your arm ? " he asked.

"Sire, at Austerlitz. "

"And were you not decorated ? "

"No, Sire. "

"Then here is my own cross for you ; I make you
chevalier. "

나폴레옹 1세의 당대에는 레종도뇌르 훈장에 대한
세인의 평가가 오늘날보다는 높았다. 어느날 황제
는 팔 하나를 잃은 늙은 재향군인과 마주쳤다.

『그대는 어찌하여 팔을 잃게 되었던고?』

『아우스테를리츠에서였습니다, 폐하.』

『그런데 훈장을 주지 않더란 말인가?』

『네, 폐하.』

『하면 짐의 이 십자훈장을 받고 레종회원이 되렷다.』

115. 명 예(Ⅱ)

"Your Majesty names me chevalier because I have lost one arm. What would Your Majesty have done, had I lost both arms ? "

"Oh, in that case I should have made you officer of the Legion. "

Whereupon the old soldier immediately drew his sword and cut his other arm.

There is no particular reason to doubt this story. The only question is, how did he do it ?

『쉰네가 팔 하나를 잃었다 해서 폐하께서는 레종회원으로 임명해 주옵시는데 만약 쉰네가 두 팔을 다 잃었다면 폐하께옵서는 무엇을 하사해 주시겠나이까?』

『그러하다면 레종의 장교회원으로 임명할 것일세.』

이 말을 들은 노병은 그의 칼을 뽑더니 다른 팔을 잘라버렸다.

이 이야기에 의문을 제기해야 할 특별한 이유는 없다. 다만 문제는 그가 어떻게 그렇게 했겠는가 하는 점이다.

116. 우생학

There is a legend about the fervent message George Bernard Shaw received from Isadora Duncan expressing the opinion that by every eugenical principle they should have a child.

"Think what a child it would be," she said, "with my body and your brain."
Show sent the following response, discouraging the proposition : "Think how unfortunate it would be if the child were to have my body and your brain."

▶ Isadora Duncan : 미국의 여류무용가
▶ eugenical principle : 우생학적 원리

조 지 버나드 쇼는 이사도라 던컨으로부터 우생학적 원리에 비추어 어떻게 해서든지 그들 두 사람 사이에서 어린아이가 생겨나야 한다는 열띤 사연의 서신을 받았었다고 전해지고 있다.

『내 몸매에 당신의 머리를 곁들인다면 얼마나 좋겠나 어디 생각좀 해보세요』라고 던컨은 제의했다.

쇼는 이 제의를 다음과 같이 거절했다.

『나 같은 생김새에 당신과 같은 머리를 가진 아이가 태어난다면 그 얼마나 불행한 일이겠어요.』

117. 상충(相衝)

A : (colliding and knocking his head with another's) Oh, you dummy, why don't you look where you are going ?

B : I was just going to say the same. You made my head ring.

A : Your head ring ?

B : Yes.

A : That shows it's empty.

B : Didn't your head ring ?

A : No.

B : Then, that shows it's cracked.

A : (딴 사람과 머리가 맞부딪치자)『이런 얼빠진 사람아, 잘 보고 다녀요.』

B :『누가 할 소린데. 당신 때문에 내 머리가 윙윙거린다구요.』

A :『머리가 윙윙거린다구요 ?』

B :『그렇단 말이오.』

A :『그렇다면 머리가 텅 빈 게로군요.』

B :『당신 머리는 윙윙거리지 않는단 말이지요 ?』

A :『그렇다오.』

B :『하면 그건 깨진 게로군요.』

118. 노익장(I)

85-year-old Will Jones hobbled down to the local bar. He was the talk of the town as he had recently married a beautiful 19-year-old girl. Several of the young guys bought the oldster a drink in an effort to get him to tell of his wedding night.

"Well, my youngest son carried me upstairs and lifted me onto the bed with my young bride," the octogenarian recalled.

▶ hobble : 절름거리다
▶ the talk of the town : 그 고장의 화젯거리
▶ oldster : (구어)노인(youngster와 대조되는 말)
▶ octogenarian : 80세의, 80대의 (사람)

85세의 월 존스 노인이 절름거리면서 동네 술집에 나타났다. 최근에 19세의 아리따운 처녀와 결혼한 것으로 하여 노인은 동네의 화제가 되고 있었다. 몇몇 젊은이는 노인으로부터 첫날밤 이야기를 들어 보려고 술을 사드렸다.

『우리 막내아들 녀석이 나를 위층으로 들고 가서 젊은 신부가 기다리고 있는 잠자리에 들게 해 주더란 말이야』하고 팔순노인은 첫날밤 이야기를 했다.

119. 노익장(Ⅱ)

> "We spent the night together, and the next morning my three other sons carried me off the bed," said the old man.
>
> The small circle of men scratched their heads and asked the ancient why it took three of his sons to carry him off the matrimonial mattress when it took only his youngest boy to put him on.
>
> "I fought them!" he replied proudly.

『우 리는 그날 밤을 함께 지냈구먼. 그런데 이튿날 아침에는 다른 아들 녀석 세 놈이 와서 나를 잠자리로부터 운반해냈었지.』

노인을 에워싸고 앉았던 몇 안되는 사람들은 모두가 머리를 긁적이면서, 신방에 들 때에는 막내아들이 혼자서 운반해 줬는데 어째서 신방에서 나올 때에는 아들이 셋이나 동원됐어야 했던 거냐고 물었다.

『억지로 끌어내려기에 그놈들하고 한바탕했지』 하고 노인은 의기양양해서 대답했다.

120. 조 각

> "Sculpture is very difficult, isn't it ? " asked the wide-eyed girl on her visit to the Greenwich Village studio.
>
> "Nothing to it, " said the artist. "Right now I'm sculpting a horse. I merely take a block of marble, and I knock off anything that doesn't look like a horse. "

▶ sculpture : 조각
▶ Greenwich Village : 뉴욕시의 예술가촌
▶ Nothing to it. : There is nothing to it. (구어) 그것은 쉬운 일이다.
▶ right now : 지금 당장

『조각은 아주 어렵죠』하고 그리니치 빌리지의 어느 스튜디오를 방문한 아가씨가 눈이 휘둥그래져서 물었다.

『별것 아닙니다』라고 조각가는 말했다. 『내가 지금 작업하고 있는 건 말입니다. 나는 대리석 한 덩이를 갖다놓고는 말같이 생기지 않은 부분들을 깎아내기만 하면 되는 겁니다.』

121. 수 금

Unable to find a baby-sitter, the young couple took their infant son to a theatre. The usher warned them that, unless the baby remained silent, the management would refund their money and ask them to leave. Near the end of the play, the husband nudged his wife and whispered : "What do you think of it ? "

"Terrible, " she replied.

"Check, " he agreed. "Pinch the baby. "

▶ usher : 안내원
▶ refund : 환불하다
▶ nudge : 팔꿈치로 찌르다
▶ check : (미국 구어) 좋아! 옳다!

어린 것을 돌봐줄 사람을 구할 수 없었던 젊은 부부는 어린아이를 데리고 극장으로 갔다. 극장안내원은 어린이가 소란을 피우게 되면 입장료를 환불받고 극장에서 나가야 된다고 경고했다. 연극이 끝나갈 무렵 남편은 아내를 팔꿈치로 쿡쿡 치면서 귀엣말을 했다.

『어때?』

『엉망이네요』 하고 아내가 대답했다.

『맞았어. 어린애를 꼬집어요.』

122. 십계(十戒)

A minister was delivering an impassioned sermon about the ten commandments. He noticed that his words were having a marked effect on a man, especially his remarks on the eighth and ninth commandments.

When the service concluded, the minister asked the man why his words had affected him so.

"Well, when you said 'Thou shalt not steal,' I realized that my wallet had been stolen. And when you said 'Thou shalt not commit adultery,' I remembered where I left my umbrella."

▶ impassioned sermon : 열띤 설교
▶ the ten commandments : (기독교)모세의 십계
▶ adultery : 간음

목 사님은 십계명에 관한 열띤 설교를 하고 있었다. 그런데 그의 설교는 한 남자에게 뚜렷한 반응을 일으키고 있었는데 특히 제8항과 제9항을 다룬 대목에서 그것이 뚜렷하게 나타났다.

예배가 끝났을 때 목사는 그 남자에게 설교로부터 자극을 받게 된 까닭을 물었다.

『글쎄 말입니다, 「훔치지 말지어다」 하는 소리를 듣고는

지갑을 도둑맞은 사실을 깨달았는데, 「간음하지 말지어
다」 하는 소리를 들으니까 우산을 어디에 두고왔는지 생각
나지 뭡니까. 』

123. 홍　보(Ⅰ)

> The young lawyer had opened his office that very
> day and sat expectant of clients. A step was heard
> outside, and the next moment a man's figure was
> silhouetted against the ground-glass of the door.
> Hastily the legal fledgling stepped to his brand-new
> telephone, and, picking up the receiver, gave every
> appearance of being deep in a business conversation.
>
> "Yes, Mr. Smith," he was saying as the man
> entered, "I'll attend to that corporation matter for
> you……."

젊은 변호사는 개업한 첫날 사무실에 앉아 손님을 기
다렸다. 바깥에서 발자국소리가 들리더니 문의 불
투명한 유리 저편으로 사람의 모습이 어른거렸다. 신출내
기 변호사는 얼른 전화기로 가서 새로 갖다놓은 전화기의
수화기를 집어들고 사뭇 진지하게 업무관계 이야기를 하고
있는 듯이 시늉을 했다.

『네, 스미스 씨. 그 회사문제는 제가 봐드리겠습니다』라
고 사무실로 들어서는 사람을 의식하면서 수화기에 대고
말했다.

124. 홍 보(Ⅱ)

“……Mr. Porter had me on the phone this morning
and wanted me to settle a damage suit, but I had to
put him off, as I'm so rushed with cases just now.
But I'll try to sandwich your matter in between my
other cases somehow. Yes, yes. All right. Good-
bye.”
　　Now convinced that he had duly impressed the
visitor, he hung up the receiver and turned to the
man.
　　“Excuse me,” the man said, “but I'm from the
telephone company. I've come to connect up your
instrument.”

『실』은 오늘 아침에 포터 씨로부터 배상소송을 처리
해 달라는 전화가 있었지만 지금 맡고 있는 것
들에 쫓기고 있기 때문에 사양해야 했습니다. 하지만 댁의
건은 다른 사건들 틈에 끼워 넣어드리도록 해 보겠습니
다. 그럼요, 그럼요. 좋습니다. 안녕히 계세요.』 이렇게

말한 그는 이제 제법 감명을 줬을 것으로 확신하면서 수화기를 내려놓고는 방문객을 향했다.

　『실례합니다. 전화회사에서 나왔습니다. 전화기에 선을 연결시켜 드리려고요.』

125. 자　식

"My son obeys me perfectly."
"Amazing ! How do you do it ?"
"I tell him to do as he pleases."

　『우리 아들아이는 철저하게 시키는 대로 합니다.』
　『놀랍군요. 어떻게 했기에 그렇게 말을 잘 듣지요?』
　『마음내키는 대로 하라고 하거든요.』

126. 골프교훈 2제

"What do you think is the most difficult thing for a beginner to learn golf ? "
"To keep from talking about it all the time. "

In golf, as in life, the attempt to do something in one stroke that needs two is apt to result in taking three.

▶ keep form ～ing : ～을 삼가다
▶ be apt to : ～하기 쉽다, ～하는 경향이 있다

『초보자가 골프를 배울 때 제일 어려운 것은 뭐라고 보십니까?』
『입만 뻥끗하면 골프 이야기만 늘어놓는 것을 삼가는 일이지.』

〈인생에서처럼 골프에서도 두 번으로 해내야 할 것을 단 한 번으로 해치우려다가는 결국 세 번으로 끝내게 되기가 일쑤이다.〉

127. 미술애호

The friend had dropped in to see a great animal painter put the finishing touches on his latest painting. He was mystified when the painter took some raw meat and rubbed it vigorously over the painted rabbit.

"Why on earth do you do it ? " he asked.

"You see, a very rich woman is coming to see this picture today. When she sees her poodle smell this rabbit and get excited over it, she'll buy this on the spot."

▶ drop in : 불쑥 들르다
▶ put the finishing touches : 마지막 손질을 하다
▶ be mystified : 이상히 여기다

동물그림의 대가가 그의 최신작에 마지막 손질을 하고 있는데 친구가 찾아왔다. 화가가 날고기 한 점을 그림 속의 토끼 위에 열심히 문대고 있는 것을 본 친구는 이상히 여겼다.

『대관절 그건 웬 짓인가?』

『오늘 부잣집 여자가 이 그림을 보러 온다네. 그녀의 강아지가 이 토끼의 냄새를 맡으면서 흥분하는 것을 보면 그 여자는 대뜸 이걸 살 걸세.』

128. 주일예배

> "Dad, can I ask you a question?"
> "Sure, son."
> "When am I going to be old enough not to have to go to church either?"

▶ not ~ either : 또한 ~ 아니다

『아빠, 뭐 좀 물어 봐도 돼?』
『그럼.』
『몇살이 되면 나 교회에 가지 않아도 되는 거야?』

129. 앨리스(I)

A wife, while engaged in the ritual of going through her husband's pockets, came across a small visiting card, on which was neatly printed : "Alice Gray, Chelsea 4421."

When her husband showed up, she confronted him with it.

"And who is this hussy, whose card you're carrying around with you ? " she demanded indignantly.

The man smiled easily. "Aren't you the jealous thing ! Haven't you heard of Alice Gray, my dear ? "

여느때처럼 남편의 호주머니를 뒤지던 아내는 조그마한 명함을 찾아냈는데 거기에는 『첼시 4421, 앨리스 그레이』라고 곱게 인쇄돼 있었다. 남편이 나타나자 아내는 그것을 가지고 따졌다.

『그래, 당신이 명함을 가지고 다니는 이 말괄량이는 누구예요』 하고 여자는 노기가 등등해서 물었다.

남편은 얼른 미소를 지었다.

『당신 참 질투가 심하군! 앨리스 그레이에 관해 여태 들어 본 적이 없었다는 말이오?』

130. 엘리스(Ⅱ)

The wife, however, refused to smile. "Not until I found this."

The man gestured. "The fastest little three-year-old on the track. Alice Gray is a racehorse, on whom I've made a couple of successful bets. I was going to buy you a new hat from my last winning."

"Oh, I was a mean pig to suspect you, John, when you're thinking of a new hat for me."

Three days later, however, his wife met, on his return from work, with a steely glare.

"Your racehorse called you up this afternoon."

그러나 아내는 남편의 미소에 호응해 주지 않았다. 『난 그 명함에서 처음 봤다구요.』

남편은 몸짓을 곁들이면서 설명했다. 『그건 세 살된 제일 빠른 경주말이라오. 난 그놈한테 걸었다가 뒤번 재미봤지. 그래서 지난 번에 딴 돈으로 당신한테 모자를 사 줄 참이었어요.』

『새 모자를 사주겠다는 당신을 의심했으니 내가 참 못된 여자였군요.』

그런데 사흘 후 아내는 눈을 부라리면서 귀가한 남편을 맞았다. 『오늘 오후에 그 경주말이 전화를 걸어왔어요.』

131. 출 산

Three expectant fathers paced the maternity hospital's waiting room.

"Just my luck," complained the first. "I got fired this week."

"Look at me," said the second. "This is my vacation."

"That's nothing." said the third. "I'm on my honeymoon."

▶ pace : ~를 왔다갔다하다
▶ expectant father : 부인의 해산을 앞둔 남자
▶ maternity hospital : 산부인과병원

부인의 해산을 기다리는 남편들이 산부인과병원의 대합실에서 서성대고 있었다.

『재수가 없으려니, 이번 주에 실직을 했지 뭡니까』하고 한 남자가 불평을 토로했다.

『난 말입니다, 지금이 휴가 중입니다』하고 또 한 사람이 말했다.

『뭐 그깐 것들을 가지고 그러십니까. 난 지금 신혼여행 중입니다』라고 제3의 사내가 말했다.

132. 영국과 미국

A party of Americans and Englishmen were tra-
veling on foot, when they encountered a road sign
which read : "Ten miles to Barrington." Someone
had scrawled below : "If you can't read, see the
blacksmith."

The Americans snickered at the scrawl. About ten
miles farther down the road, an Englishman burst
out laughing : "Suppose, the blacksmith wasn't
home."

▶ scrawl : 아무렇게나 휘갈겨 쓰다
▶ snicker : 킬킬 웃다

일단의 미국인과 영국인이 함께 도보여행을 하다가 「배링턴까지 10마일」이라는 도로표지와 마주쳤다. 그런데 여기에는 누군가 『글을 알아보지 못하는 사람은 대장간에 가서 물으시오』라고 낙서해 놓았다.

미국인들은 낙서를 보고 킬킬 웃었다. 10마일쯤 더 갔을 때 이번에는 영국인 하나가 폭소를 터뜨렸다 : 『아니 대장장이가 집에 없다면 어떡하고……』

〈문맹자가 안내문을 읽을 수 있을 리가 없으므로 미국인들은 웃었다. 그런데 영국인은 한참만에 전혀 딴 것을 생각하면서 웃음을 터뜨린다.〉

133. 간부(姦婦)

Judge : "You fell in love with another man ? "
Defendent : "Yes. "
Judge : "How long were you married at the time ? "
Defendent : "Twenty-five years. "
Judge : "You decided to poison your husband's coffee ? "
Defendent : "Yes. "
Judge : "Was your husband cruel to you ? "
Defendent : "No. "
Judge : "Didn't you feel bad about putting poison in this cup of coffee ? "
Defendent : "Only when he asked for a second cup. "

판사 :『피고는 딴 남자와의 사랑에 빠졌더란 말이죠.』
피고 :『네.』
판사 :『결혼한 지 얼마 만에 그렇게 됐지요?』
피고 :『25년 만에요.』
판사 :『남편의 커피에 독약을 타기로 결심했었군요?』
피고 :『그렇습니다.』

판사 : 『남편이 잔인하게 굴었던가요?』

피고 : 『아뇨.』

판사 : 『커피에 독약을 타면서 안됐다는 생각이 들지 않던가요?』

피고 : 『한 잔 더 달라고 했을 때 그런 생각이 들더군요.』

134. 여편네

"My wife had a dream last night and thought she married a millionaire."

"You're lucky. Mine thinks that in the daytime."

▶ think that in daytime: 깨어 있을 때에 그렇게 생각하다

『우리 마누라는 어젯밤에 백만장자와 결혼한 꿈을 꿨다네.』

『거 천만다행이로군. 우리 마누라는 꿈 속에서가 아니라 실제로 백만장자와 결혼한 줄 알고 있다네.』

135. 우 산(I)

One day the forgetful professor took all the disabled umbrellas of the family to the repairer's. Next morning on his way to his office, when he got up to leave the street car, he absentmindedly laid hold of the umbrella belonging to a woman beside him, for he was in the habit of carrying one. The woman cried, "Stop thief! It's my umbrella." Rescuing her umbrella, the woman covered the man with shame and confusion.

▶ absentmindedly : 무심결에, 무의식중에
▶ lay hold of : ~을 갑다
▶ rescue : (위험에서) 구출하다
▶ confusion : 혼미, 낭패

어느 날 건망증이 심한 대학교수는 망가진 식구들의 우산을 몽땅 챙겨서 수리하는 데로 갖다 맡겼다. 우산을 들고 다니는 습관이 몸에 밴 그는 이튿날 아침 출근길에 전차에서 내리면서 무심코 옆 좌석에 앉은 여자의 우산을 집어들었다. 그 여자는 『도둑이야! 내 우산』하고 소리쳤다. 자신의 우산을 되찾은 그 여자는 남자를 창피하기 이를 데 없는 난감한 처지로 몰아넣었다.

136. 우 산(Ⅱ)

That same day the professor stopped at the repairer's, and received all eight of his umbrellas duly restored. As he entered a street car, with the unwrapped umbrellas tucked under his arm, he was horrified to behold glaring at him the lady of his morning adventure. Her voice came to him charged with biting scorn :

"Huh ! Had a good day, didn't you ! "

▶ duly restored : 제대로 수선된
▶ glare : 노려보다
▶ adventure : (우연히 일어난) 희귀한 사건
▶ biting scorn : 신랄한 모멸
▶ have a good day : 성공적인 하루

바로 그날, 우산수리점에 들른 그 교수는 제대로 수리가 끝난 우산 여덟 자루를 받아들었다. 포장도 하지 않은 우산 여덟 자루를 안고 전차에 오른 그는 아침사건의 장본인인 그 여자가 자기를 향해 눈을 부라리고 있는 것을 발견하고는 그만 질겁을 했다. 신랄한 모멸이 섞인 투로 그 여자는 한 마디 했다.

『흥, 톡톡히 재미보셨군 ! 』

137. 속 결

Mother : "We should never defer until tomorrow what we can do today, should we ? "

David : "Then, mother, we had better eat the pie tonight, hadn't we ? "

▶ defer : 미루다
▶ had better : ~하는 편이 낫다

어머니 :『우리는 오늘 할 수 있는 것을 결코 내일로 미루어서는 안 되는 거야, 그렇잖니?』

데이비드 :『엄마, 그렇다면 저 남아 있는 파이를 오늘 밤에 먹어 버리는 게 좋겠어, 그렇잖아?』

138. 졸 부

The painter agreed beforehand for the price of picture he was to draw for a rich man, who was not indebted to nature either for shape or face. The picture being finished, the wealthy man tried to beat down the price, alleging that if he did not purchase it, it would lie on the painter's hands.

"That's your mistake," said the painter, "for I can sell it at double the price I demand."

"How can that be?" said the millionaire.

"I'll draw a tail to it, and then it'll be an excellent monkey."

The rich man paid down the money the painter demanded, and carried off the picture.

▶ be not indebted to nature for shape or face : 체격이나 용모에서 자연의 혜택을 받지 않은, 못생긴
▶ beat down : 값을 깎다

볼 품없이 생긴 어떤 갑부의 초상화를 그리게 된 화가는 미리 그 값을 정했다. 그런데 그림이 완성되자 부호는 그가 아니면 누가 그 그림을 사겠느냐면서 값을 깎으려 들었다. 그러자 화가는 『잘못 알고 계시군요. 딴 사람에게 팔면 곱으로 받아 낼 수 있습니다』라고 했다.

『어찌 해서 그럴 수 있단 말이오?』

『여기다가 꼬랑지만 그려 넣으면 훌륭한 원숭이 그림이 됩니다.』

그 부호는 요구한 금액을 다 주고 그림을 받아갔다.

139. 아 부

A businessman who operates a large chain store returned from a vacation and called in members of his staff to listen to a few anecdotes about his trip.

Everybody but one girl laughed uproariously.

"What's the matter?" grumbled the boss. "Where's your sense of humor?"

"I don't have to laugh," said the girl. "I'm leaving Friday."

▶ anecdote : 재미나는 짧은 이야기, 일화
▶ uproariously : 시끄럽게

큰 연쇄점을 경영하는 기업인이 휴가를 마치고 돌아오자 직원들을 불러놓고는 여행 중에 겪었던 재미나는 일 몇가지에 관해 이야기를 들려 주었다.

이야기를 듣자 모두가 껄껄 웃었으나 한 여직원만은 예외였다.

『웬일이야. 유머감각을 잃어버렸어』 하고 사장은 그 여직원을 보고 투덜댔다.

『저는 웃지 않아도 되는 처지라서요. 금요일에 그만두니까요.』

140. 모범시민(Ⅰ)

A newspaper was running a competition to discover the most high-principled, sober, well-behaved local citizen. Among the entries came one which read :

"I don't smoke, touch intoxicants or gamble. I am faithful to my wife and never look at another woman……."

▶ high-principled : 원칙이 뚜렷한, 원칙을 지키는
▶ sober : 술취하지 않은, 술마시지 않은
▶ well-behaved : 행실이 좋은
▶ intoxicant : 취하게 하는 것

어떤 신문사가 그 고장에서 가장 원칙에 투철하고, 술을 멀리하며, 행실이 좋은 사람을 찾아내기 위한 콘테스트를 벌였다. 콘테스트에 응모한 사람들 중에는 다음과 같이 적어 보낸 사람이 있었다.

『나는 담배를 피우거나, 술을 마시거나 도박을 하는 일이 없습니다. 아내에게 충실한 나는 딴 여자를 바라보는 일이 없습니다…….』

141. 모범시민(Ⅱ)

"……I am hard-working, quiet and obedient. I never go to the movies or the theater, and I go to bed early every night and rise with the dawn. I attend chapel regularly every Sunday without fail.

I've been like this for the past three years. But just wait until next spring, when they let me out of here ! "

▶ regularly : 정례적으로
▶ without fail : 어김없이
▶ let a peson of : ~로부터 내보내다, 석방하다

「……나는 부지런히 일하고 말이 없으며 고분고분합니다. 영화관이나 극장에 가는 일은 아예 없고 매일 밤 일찍 잠자리에 들었다가 동틀 무렵이면 일어납니다. 나는 일요일이면 어김없이 교회로 나갑니다.

나는 과거 3년간을 이렇게 지내왔습니다. 그렇지만 내년 봄까지만 기다려 보세요. 내가 여기서 나가게 되는 날이 돼보라 이겁니다!」

142. 허와 실

A woman was wheeling her new baby down the street in a baby carriage when a neighbor stopped to gush.

"What a beautiful child ! " she said.

"That's nothing, " said the mother. "You should see her pictures. "

▶ wheel : (수레 위의 것을) 움직이다, 밀거나 당겨서 움직이다
▶ gush : 떠벌이다, 신이 나서 이야기하다

갓난 아기를 유모차에 태워 거리로 밀고나온 여인과 마주치자 이웃에 사는 여자는 발걸음을 멈추고 수다를 떨었다.

『어머나, 어쩌면 애기가 이렇게도 예쁠까! 』

『이 앤 아무것도 아니에요』라고 애기 어머니가 말했다.

『애 사진들을 보셔야 얼마나 예쁜지 아신다구요. 』

143. 친 절

A kindly passer-by assisted a small boy in pushing a heavily loaded cart up a long, steep hill. Reaching the top, and at last getting his wind back, he said indignantly, "Only a scoundrel would expect a youngster to do a job like that ! Your employer should have known it was too heavy for you."

"He did," replied the boy, "but he said, Go on, you're sure to find some fool who'll help you up the hill."

물건을 잔뜩 실은 수레를 가파르고 긴 언덕길로 밀고 가는 어린 소년을 보자 인정있는 행인은 어린 것을 거들어 줬다. 마침내 꼭대기에까지 가서 숨을 돌린 이 행인은 분격하면서 말했다.

『여간 야비한 놈 아니고는 어린 것이 이런 일을 해 내리라고는 생각조차하지 않을 거야. 자네 주인이란 작자, 이것이 자네 힘으로는 도저히 해 벌 수 없다는 것을 깨달았어야 했다구.』

그러자 소년이 대답했다.

『그걸 알고 있던데요. 한데「가봐. 틀림없이 어리석은 사람이 나타나서 언덕길에서 도와 줄 거야」라고 하던걸요.』

144. 둔통령

> The very slow-witted president of a country met
> a friend who was a stock market broker, and said :
> "I think the economy looks real good. In fact, if I
> wasn't President, I'd be buying stock right now."
> Said the stock broker : "If you weren't President,
> I'd be buying stock, too."

▶ slow-witted : 우둔한
▶ real : (미국 구어)really
▶ right now : 지금 당장

퍽 미련한 어느 나라의 대통령이 증권가의 브로커인 친구를 만나자 한 마디 했다.

『경제가 썩 잘 돼 가는 것 같아. 실은 말일세, 내가 대통령만 아니더라도 지금 당장 증권을 사겠어.』

그러자 브로커 친구가 말했다.

『자네가 대통령이 아니라면 나 역시 증권을 살 것일세!』

145. 박리다매(I)

Two women on a plane were chattering away behind a man who was preparing to nap. "How do you manage to dress so well on our husband's salary?" asked one.

"It's quite simple," replied the other. "I have a boyfriend who gives me five hundred dollars a month for my favors."

▶ chatter : 재재거리다, 지저귀다
▶ nap : 낮잠 자다

여객기에서 낮잠을 청하고 있는 한 남자승객의 바로 뒷좌석에서 두 여인이 수다를 떨고 있었다.

『남편의 봉급으로 살아가면서 어쩌면 그렇게 좋은 옷을 입고 다닐 수 있는 거지』하고 한 여인이 물었다.

그러자 상대편 여자가 대답했다.

『이것 별것 아니야. 나한테는 보이프렌드가 있는데 내가 베푸는 호의에 대한 대가로 매달 500 달러씩 준단다.』

146. 박리다매(Ⅱ)

"That's a great idea," rejoined the first woman, "but I'm afraid none of the men I happen to know could afford that much."

"In that case," said the wayward wife, "find two guys who'll pay two-fifty apiece, of four who'll pay one-twenty-five……."

At that point, the man in front peered over the seat back. "Look, girls, I'm going to sleep, but give me a nudge when you get down to five bucks a throw."

▶ wayward : 변덕스러운, 흔들리는
▶ apiece : 하나에 대하여
▶ nudge : 슬쩍 건드려 주의를 환기시키다
▶ throw : (미국 속어)소매하는 단위, 한 잔·한 개·한 번 따위

『거 참 아이디어 하나 좋았군. 하지만 내가 아는 사내들 중에는 그 정도의 돈을 낼 수 있는 사람은 하나도 없어, 얘』하고 먼저 이야기하던 여자가 다시 입을 열었다.

『그렇다면 250달러씩 낼 사람 둘이나 125달러씩 낼 사람 넷을 구하면 될 것 아냐……』라고 바람둥이 여자가 말했다.

이때 앞 좌석 사내는 여자들을 뒤돌아보면서 말했다.
『이봐요들, 난 잠을 자야 겠는데, 값이 한 번에 5달러씩으로 떨어지면 날 깨워요.』

147. 노출증

A woman at a party wore a gown that was extremely low-cut, both fore and aft. On her way home, she stopped at her doctor's house.

"Sorry to bother you at this time of night," she said, "but I think I'm catching a cold. What do you suggest?"

"I suggest," yawned the doctor, "that you go home, get dressed, and go to bed."

▶ extremely low-cut : (여자 드레스의 앞이나 뒤를) 극도로 많이 노출시킨

▶ fore and aft : 앞과 뒤에서. 본래 항해용어로 이물에서 고물까지

파티에 나온 그 여자는 앞가슴과 등을 푹 파내린 노출이 심한 드레스를 입고 있었다. 파티에서 나와 집으로 돌아가는 길에 그녀는 의사를 찾아갔다.

『이렇게 늦은 시간에 찾아와서 죄송합니다만 저 감기 걸렸나 봐요. 어떡하죠?』

『집에 가서 옷을 입고 잠자리에 드시죠』하고 의사는 하품을 하면서 말했다.

148. 민족감정

A small factory in the town had a work force of one hundred, ninety-eight of whom were Irish and the other two, Italian. The plant unionized, and an Irishman and an Italian ran for the presidency of the local. The Irishman won ninety-eight to two.

Next day, the Irishman approached the Italian and said : "When it comes to politics, you guys really stick together, don't you ? "

▶ unionize : 노동조합을 이루게 하다
▶ run for presidency : 회장 자리에 출마하다
▶ when it comes to~ : 문제가 ~이 되는 경우
▶ stick together : 협조하다

그 고장에 있는 어느 작은 공장은 100명의 사람을 고용하고 있었는데, 그 가운데 98명은 아일랜드인이었고 남은 2명은 이탈리아인이었다. 이 공장에 노동조합이 생기자 아일랜드인과 이탈리아인이 각각 한 명씩 조합장으로 출마했다. 투표결과 98대 2표로 아일랜드인이 당선됐다.

이튿날 아일랜드인은 이탈리아인을 보고 한 마디 했다.
『정치문제라면 자네들 정말 단결 하나는 잘 하는군.』

149. 여 심

A suburban housewife received an obscene phone call at 4 a. m. from a man who told her beautiful breasts. Next morning at breakfast, she was still upset.

"Oh, take it easy. These creeps are harmless," said her husband.

"That's not what I'm upset about," she said. "I forgot to thank him."

▶ obscene : 외설적인
▶ upset : 당황한, 걱정하는
▶ creep : 시시한 녀석, 성범죄자

교외에 사는 주부가 새벽 네 시에 음탕한 소리를 늘어놓는 사내로부터 전화를 받았다. 그녀의 젖가슴이 일품이라나. 아침식사 때까지도 그녀의 흥분은 가시지 않았다.

『그 시시한 수작들을 하지만 해로울 것 없는 자이니 걱정할 것 없어요』라고 남편이 말했다.

『내가 그 때문에 신경을 쓰고 있는 줄 아세요. 고맙다는 소리 하는 걸 잊었단 말이에요.』

150. 봉사정신(I)

A housewife took an active part in church and community work. She served on a number of committees. Once she called on a woman who had just moved to town to ask her to serve on a fund-raising committee.

"I'd be glad to if I had the time," the woman said. "But I have three young sons and they keep me on the run. I'm sure if you have a boy of your own, you'll understand how much trouble there can be."

"Of course," said the visitor, "I do understand."

어떤 가정주부가 교회와 지역사회 활동에 적극적으로 나섰다. 그리하여 여러 위원회에 위원으로 참여했다. 한 번은 동네에 갓 이사온 여자를 찾아가서 모금 위원회의 일을 해달라고 청했다.

『그럴 시간이 있으면 오죽 좋겠어요』라고 그 여자는 말했다. 『저는 아들 놈이 셋이 있어서 늘 바삐 돌아가고 있답니다. 사내아이를 키워 보시면 얼마나 번거로운지를 이해하실 텐데요.』

『물론이죠. 이해하다마다요』라고 방문객은 말했다.

151. 봉사정신(Ⅱ)

"Do you have any children ? Mrs. Gilbert ? "
"Oh, yes. "
"Any boys ? "
"Yes, indeed. "
"May I ask how many ? "
"I have six boys. "
"Six boys ! "
"Oh, there's more in the family than that. I have six girls, too. "
"I surrender. When is the next meeting of committee ? I'll be there, Mrs. Gilbert. "

『댁에도 아이들이 있습니까, 길버트 부인 ? 』
『네, 있습니다. 』
『사내아이도 있는가요 ? 』
『네에, 있답니다. 』
『몇이 있는데요 ? 』
『여섯이요. 』
『여섯이나요 ! 』
『그 애들뿐이 아닙니다. 딸도 여섯이나 있는걸요. 』
『더 이상 할 말이 없군요. 위원회의 다음 모임이 언제죠 ? 그때 나가겠습니다. 』

152. 매 매

A New York department store's buyer had been on the road for nearly a month, as his wife's suspicions grew. When four weeks had passed, a telegram arrived from her husband in Seattle. It read : MUST EXTEND TRIP. STILL BUYING.

The wife promptly dispatched a telegram to her husband reading : ADVISE YOU RETURN AT ONCE. BELIEVE I MAY BE SELLING WHAT YOU ARE BUYING.

▶ on the road : (특히 salesman이나 buyer가) 여행 중에, 출장 중에
▶ suspicion : 수상쩍은 생각, 의혹

뉴욕에 있는 한 백화점 구매원이 출장나온 지 한 달 가까이 되자 아내의 의혹이 짙어졌다. 4주가 되는 날 남편은 시애틀로부터 전보를 보내왔다.

『여행을 연장해야겠소. 아직도 사고 있는 중이오.』

아내는 대뜸 다음과 같은 전보를 남편에게 보냈다.『당장 돌아오도록 해요. 당신이 사고 있는 것을 나는 팔게 될는지도 몰라요.』

153. 재 혼

A widow recently married to a widower was accosted by a friend who laughingly remarked :

"I suppose, like all men who have been married before, your husband sometimes talks about his first wife ? "

"Oh, not any more, he does, " the other replied.
"What stopped him ? "
"I started talking about my next husband. "

▶ widow : 미망인
▶ widower : 홀아비
▶ accost : 가까이 사서 밀을 걸다

최근에 어떤 홀아비와 재혼한 과부를 보고 친구가 웃으면서 한 마디 했다.

『재혼한 남자들이 으레 그렇듯 네 남편도 이따금 첫부인에 관해서 이야기를 할 테지?』

『아냐. 이제 그런 소리는 하지 않게 됐어.』

『어쩐 일로?』

『내가 다음 남편에 관해 얘기하기 시작했거든.』

154. 고 객

> The little man walked into the town's biggest department store and suddenly cameras flashed, music blared, and newsmen were everywhere. The little man was the department's one millionth customer!
>
> "Now," said the store manager, "will you tell us what we can do for you?"
>
> "Can you direct me to the Complaint Department?" the little man said.

▶ blare : (나팔 따위) 소리를 높이 울리다
▶ Complaint Department : 물건을 사간 고객들의 항의를 처리하는 부서

작은 체구의 사내가 그 도시의 제일가는 백화점에 들어서자 갑자기 카메라의 플래시들이 터지면서 주악이 울려퍼졌고 기자들이 사방에서 몰려들었다. 그는 이 백화점의 100만 번째 손님이었다.

『자아, 뭘 해드릴까요』 하고 백화점 지배인이 물었다.

『항의접수처로 안내해 줄 수 있겠소』 하고 작은 체구의 사내가 말했다.

155. 철 학(Ⅰ)

A proprietor of a tanyard was anxious to fix a suitable sign to his premises. Finally a happy thought struck him.

He bored a hole through the doorpost and stuck a calf's tail into it with the tufted end outside.

After a while he saw a solemn-faced man standing near the door looking at the sign. The tanner watched him a minute and then stepped out and addressed him.

▶ premise : 가옥, 건물(토지와 부속건물)
▶ tufted end : 털이 달린 쪽 끝
▶ a solemn-faced man : 엄숙한 표정의 사나이

가 죽공장의 주인이 그의 공장에 알맞는 간판을 궁리해 내려고 고심했다. 마침내 좋은 생각이 떠올랐다.

문설주에 구멍을 뚫고 거기에 송아지꼬리를 끼워넣었다. 털이 달린 끝부분이 바깥에 나오도록.

얼마 후 심각한 표정의 사나이가 문가에 서서 그것을 지켜보고 있었다. 1분 가량 그 사람을 바라보고 있던 가죽공장 주인은 밖으로 나가서 그 사람에게 말을 걸었다.

156. 철 학(Ⅱ)

"Good morning, sir."

"Good morning," said the other, without taking his eyes off the sign.

"Do you want to buy leather?" asked the tanner.

"No."

"Perhaps you've got some hides to sell?"

"No."

"Are you a farmer?"

"No."

"What are you, then?"

"I'm a philosopher. I've been standing here, trying to find out how that calf got through that hole."

「안녕하십니까?」
『안녕하세요』 하고 상대방은 그 문설주를 계속 바라보면서 말했다.

『가죽 사시려구요』 하고 공장주인은 물었다.

『아니오.』

『팔아야 할 원피를 가지고 계신가 보군요.』

『아닙니다.』

『농사짓는 분이신가요?』
『아닙니다.』
『그럼 뭣하는 사람입니까?』
『난 철학하는 사람이외다. 저 송아지가 어떻게 저 구멍
으로 빠져 나갔겠는가를 궁리하고 섰소이다.』

157. 언 어

Tom : "I'm glad I wasn't born in France."
Helen : "Why?"
Tom : "Because I can't speak French."

톰 :『난 프랑스에서 태어나지를 않았으니 다행이
야.』
헬렌:『어째서?』
톰 :『프랑스말을 못하니까 말야.』

158. 집 중

The visiting psychologist, to prove that the teacher had failed to train her class to pay attention, went to the blackboard and asked for someone to suggest a number.

"Thirty-five," called out one student.

The psychologist thereupon wrote 53 on the board.

"Another number ? "

"Nineteen. "

So he wrote 91.

Then followed 47, which was written 74.

"How about sixty-six ? Let's see what you can do with that, " called out one student who was paying attention.

▶ psychologist : 심리학자
▶ call out : 큰 소리로 외치다

학생들이 주의를 집중하도록 선생이 훈련을 제대로 시키지 않았다는 것을 보여주기 위해 방문객인 심리학자는 흑판으로 가서 누군가가 숫자를 대보라고 했다.

『35』하고 한 학생이 소리쳤다.

그 학자는 흑판에 53을 썼다.

『또 대봐요. 』

『19』

그래서 이번에는 91을 썼다.

다음으로 47이 나오자 74를 썼다.

『66은 어떡합니까? 어디 봄 봅시다』라고 주의를 집중하고 있던 학생이 말했다.

159. 이 혼

A ninety-six-year-old woman in the court was seeking a divorce from her ninety-nine-year-old husband. She told the judge that they had been married eighty years and never had a happy day together.

The judge was puzzled. "Divorce after all this time? Why?"

"We were waiting until the children were dead," she said.

▶ puzzle : (어려운 문제 따위가 사람을) 어리둥절하게 하다, 당황하게 하다

법정에 나온 96세의 할머니는 99세의 남편과 이혼하겠다고 했다. 결혼한 지 80년이 되지만 두 사람이 즐겁게 보낸 날이라고는 단 하루도 없었다는 것이다. 판사는 도무지 납득이 가지 않았다.

『여태 함께 지내시다가 이혼하시겠다니 웬일입니까?』

『애들이 다 죽는 날을 기다리다 보니 이렇게 됐어요』라
고 할머니는 대답했다.

160. 구두쇠

A young Scot telegraphed a proposal of marriage
to the girl of his choice. After waiting all day at the
telegraph office he received the affirmative answer
late at night.

"Well, if I were you," said the operator, "I'd
think twice before I married the girl who kept me
waiting for an answer so long."

"No, no," said the young man. "The girl for me
is the girl who waits for the night discount rates."

▶ affirmative answer : 긍정적 회답, 결혼에 동의하는 회답
▶ night discount rates : 야간할인요금

스코틀랜드의 한 청년이 그의 의중의 처녀에게 청혼
하는 전보를 쳤다. 전신국에서 진종일 회신을 기
다렸던 그는 밤늦게야 결혼하자는 회답을 받았다.

『이토록 늦게까지 기다리게 했다가 회답을 주는 여자하
고라면 나 같으면 결혼하는 것을 재고하겠네』하고 전신국
사람은 말했다.

『천만에요. 요금이 싼 밤시간까지 기다릴 줄 아는 여자
야말로 제가 찾고 있는 여자랍니다.』

161. 교수와 학생

A professor who had taught for many years was counseling a young associate.

"You will discover that in nearly every class, there will be a couple of youngsters eager to argue. Your first impulse will be to silence him but I advise you to think carefully before doing so. They probably are the only students listening."

▶ counsel : 충고하다
▶ impulse : 충동
▶ associate : 동료

다년간 가르쳐 온 교수가 젊은 동료교수에게 충고를 했다.

『어느 클래스에 가건 거의 예외없이 거기에는 시비를 일삼는 젊은 녀석이 한둘은 있어요. 그런 녀석들을 보게 되면 우선 그 녀석들의 입을 닫게 해야 겠다는 충동을 느끼게 될 테지만, 내가 충고하고 싶은 것은 그러기에 앞서 잘 생각해 보라는 것입니다. 그 클래스에서 당신 이야기에 귀를 기울이고 있는 것은 십중팔구 그 녀석들뿐일 것입니다.』

162. 도　박(Ⅰ)

"Oh, Doctor, you're the best woman psychiatrist
in the entire state. You got to help me."
"What's the trouble?"
"It's my husband. He's a gambler. I tried sending
him to all the leading male psychiatrists but none of
them helped. Will you try?"
"All right. Send him in."

『의사 선생님 우리 주에서 으뜸으로 꼽히는 여성정
신과 의사인 선생님의 도움을 받아야 겠습니
다.』

『어떻게 오셨는데요?』

『저의 남편이 문제입니다. 도박꾼이거든요. 일류라는 남
성정신과 의사들한테 빠짐없이 보내봤지만 아무도 그 버릇
을 고쳐 주지 못하네요. 어디 한 번 봐주시겠어요?』

『그럽시다. 들여보내시죠.』

163. 도 박(Ⅱ)

"Hello, Doc. While I was in your waiting room, I bet a guy out there three-hundred dollars that you would never take off all your clothes in front of me."

"Well, I'll teach you a lesson to stop gambling. I'll take off my clothes right now……. There. You lose. Now, send your wife in. You step outside while I talk to her."

▶ teach a person a lesson : 교훈을 가르치다, 정신차리게 하다

『의사 선생님, 밖에서 기다리고 있는 동안 어떤 사람하고 내기를 했어요. 선생님께서 제가 보는 데서 옷을 홀랑 벗는 일은 절대로 없을 것이니 만일 그런 일이 있다면 제가 300달러를 그에게 주기로 했습니다.』
『그럼 도박일랑 그만히도록 본때를 보여드려야 겠군요. 제가 당장 옷을 벗을께요……. 자아, 내기에는 졌어요. 이제 부인을 들여 보내세요. 부인하고 이야기하는 동안 밖에 나가 계세요.』

164. 도 박(Ⅲ)

"How did it go with my husband, Doctor?"

"He bet someone three-hundred dollars that I would never take my clothes off in front of him. I purposely did so he would lose his bet. That will give him a lesson."

"No. It won't. You see he bet his friend downstairs in the car five-hundred dollars that he would have you undressed on his first visit."

▶ purposely : 일부러
▶ undress : 옷을 벗기다

『선생님, 저의 집 양반 어떻던가요?』

『그 양반 누군가 하고 내기를 했더군요. 제가 그의 앞에서 옷을 홀랑 벗는 날이면 그에게 300달러를 주기로 했다나요. 그가 내기에서 지도록 해야 겠기에 제가 일부러 옷을 벗어 보였어요. 이제 정신차리게 될 겁니다.』

『아니에요. 그래봐야 소용없어요. 그이는 저 아래 찻속에서 친구분하고 500달러짜리 내기를 했답니다. 첫 대면하는 자리에서 선생님의 옷을 벗겨 보이기로 하고요.』

165. 공 짜

Husband : "Darling, don't you think you're being a wee bit extravagant ? You've had four electric fans running all day."

Bride : "Don't worry about it, dearest. They're not our fans ; I borrowed them from the neighbors."

▶ a wee bit : 아주 약간
▶ extravagant : 낭비하는

남편 : 『당신 이거 좀 너무 하다고 생각하지 않아요? 진종일 선풍기를 네 대나 돌리고 있으니 말이에요.』

신부 : 『여보, 걱정할 것 없어요. 이건 우리 물건들이 아니에요. 모두 이웃에서 빌려온 남의 물건이에요.』

166. 작 가

Novelist Sinclair Lewis was to lecture a group of college students who planned literary careers. Lewis opened his talk by saying :

"How many of you really intend to be writers ? "

All hands went up.

"In that case, " said Lewis, returning his notes to his pocket, "my advice to you is to go home and write. "

With that, he left the room.

▶ Sinclair Lewis : 노벨문학상을 받은 미국 소설가
▶ literary career : 문학인으로서의 직업적 생애

소설가 싱클레어 루이스가 문학을 지망하는 대학생들에게 강연을 하게 되었다. 강연에 들어가면서 그는 학생들에게 물었다.

『정말로 작가가 되겠다는 사람은 몇명이나 돼요?』

모두가 손을 치켜들었다.

『그렇다면 집에 가서 글을 쓰라는 게 내가 여러분들에게 주고 싶은 충고입니다.』

루이스는 이렇게 말하면서 메모해 온 종이를 호주머니에 집어 넣고는 밖으로 나갔다.

167. 수 다

> "My, how you've changed. You used to have thick, black hair and now you're bold. You used to have a florid complexion, and now you're pale. You used to be chunky, and now you're skinny. I'm really surprised at your change, Mr. Jones."
>
> "But I'm not Mr. Jones."
>
> "Heavens! You mean to say you've changed your name, too?"

▶ florid : 붉그레한, 혈색이 좋은

▶ skinny : 말라빠진

▶ My와 Heavens는 놀라움을 나타내는 감탄사

「어머나, 어쩌면 이렇게까지 변했어요. 그렇게도 많던 새까만 머리숱이 이제는 대머리가 됐군요. 그 불그레하던 혈색은 어디로 가고 이렇게 파리해졌죠. 그렇게도 통통하더니 이렇게 피골이 상접하고. 존스 씨 이렇게도 달라지다니 정말로 놀랍군요.」

『하지만 저는 존스 씨가 아닌데요.』

『어머나! 그럼 이름까지도 바꿨다는 말씀이신가요?』

168. 피크닉(I)

A man was boastfully telling his next-door neighbor about the company picnic.

"Was there much to eat ? " the neighbor asked.

"You talk about eating ! " he said. "We knocked off thirteen sides of beef, twenty-two suckling pigs and a hundred and thirty-eight pounds of hot dog."

"What about the drinks ? " the neighbor asked.

▶ boastfully : 자랑스럽게
▶ suckling pig : 새끼 돼지(특히 통째로 구운 요리용)

사내는 회사에서 다녀온 피크닉에 관해 이웃에 사는 사람에게 자랑을 늘어놓았다.

『어디 먹을 것 많이 있었던가요』 하고 옆집 사람이 물었다.

『먹을 거요? 쇠안심 13짝에 새끼돼지 22마리 그리고 핫도그 138파운드를 먹어치웠어요.』

『마실 것은 어땠고요』 하고 옆집 사람이 물었다.

169. 피크닉(Ⅱ)

"Oh, man," said the man, "you talk about drinking! We cleaned up eighty seven bottles of whiskey and twenty nine kegs of beer."

The neighbor asked slyly, "well, how about girls?"

"You ask about girls, eh?" the man was all the more triumphant. "You know that ten-acre stands of corns right next to the picnic grounds? Well, they ain't standing any more!"

▶ keg : 작은 나무통
▶ slyly : 익살맞게
▶ triumphant : 의기양양한
▶ stand : 밭에 있는 그대로의 농작물
▶ ain't : are not의 속된 표현

『술 말씀인가요? 위스키 87병에 맥주 29통을 깨끗이 치워 버렸답니다』라고 그는 말했다.

그러자 이웃사람은 익살맞게 『그럼 여자는 어땠나요』하고 물었다.

『여자 말이죠? 거 피크닉장 바로 옆에 10에이커짜리 옥수수 밭이 있잖아요? 그밭의 옥수수들이 아주 결딴나 버린걸요』라고 말하는 그는 더더욱 신바람이 났다.

170. 광 고

The jeweler called a local newspaper's advertising department and said : "There's no doubt in my mind that your paper really produces results."

The ad manager thanked him and said "I suppose sales are up."

"No," said the jeweler. "I advertised last week for a night watchman and last night my shop was robbed."

▶ produce result : 결과를 낳다
▶ ad manager : 광고부장
▶ sales are up : 판매가 증가하다

보 석상은 그 고장 신문사 광고부에 전화를 걸었다.
『당신네 신문은 확실히 어떤 결과를 갖다주는군요.』

이 소리를 들은 광고부장은 고맙다고 했다.

『판매가 늘어나는가 보군요.』

『천만에요. 지난 주에 야경꾼을 구하는 광고를 냈더니 간밤에 도둑이 들었지 뭡니까』라고 보석상은 말했다.

171. 구 출

A naval officer fell overboard. He was rescued by
a deck hand. The officer asked how he could reward
him.

"The best way, sir." said the deck hand, "is to
say nothing about it. If the other fellows knew I'd
pulled you out, they'd chuck me in."

▶ fall overboard : 배에서 물 속으로 떨어지다
▶ rescue : 구조하다, 구출하다
▶ deck hand : 갑판승무원
▶ chuck : 내던지다

해 군 장교가 배에서 바닷속으로 떨어졌다. 갑판 승
무원 한 사람이 그를 구해냈다. 장교는 그 갑판원
에게 어떻게 보상하면 좋겠느냐고 물었다.

『아무 일도 없었던 것으로 해 두는 것이 가장 좋겠습니
다. 만약 제가 도와드렸다는 것을 다른 친구들이 알게 되
는 날이면 저를 물 속으로 집어던질 것입니다』라고 갑판원
은 말했다.

172. 백만장자

A conversation between two old men sitting on a
bench in the park.
"What would you do if you were a millionaire ? "
"I would die. "
"Why ? "
"You know, I am a billionaire. "

공 원 벤치에 앉아 있는 두 노인의 대화. 『만약 당신
이 백만장자가 된다면 어떡 하시겠소 ？』
『그럼 죽어야죠. 』
『어째서요？』
『난 억만장자란 말입니다. 』

173. 천 둥

A woman thoroughly disliked in her neighborhood died. With a barbed tongue and violent temper she henpecked her husband, hounded her children, and quarreled with the neighbors.

It was sultry on the day of her funeral, and the sky grew darker and darker. Just as the service ended, a storm broke. There was a blinding flash followed by a terrific clap of thunder. In the stunned silence, a voice was heard :

"Well, she got there ! "

동네에서 잔뜩 미움을 샀던 여자가 죽었다. 가시 돋친 말과 무서운 성깔로 남편을 들볶고 아이들을 못 살게 굴며 동네사람늘과 싸우기가 일쑤였던 여자가 죽은 것이다.

장례식날은 후덥지근한 날씨에 하늘이 점점 어두워지더니 장례식이 끝나자 폭풍우가 몰아쳤다. 번개가 눈부시게 번쩍이더니 요란스럽게 천둥이 울렸다. 아찔해서 침묵들을 지키고 있는데 누군가가 한 마디 했다.

『이제 저기 가서 해대는군! 』

174. 동 업

The two partners were having a wonderful time in Florida, when suddenly one of them remembered something awful.

"Hymie," he shouted. "I'm awful worried. I just remembered I forgot to lock the safe."

"So what?" Hymie replied. "Ain't we both here?"

▶ partner : 동업자
▶ awful : 끔찍한, 끔찍이
▶ So what? : 그래서 어쩼다는 말인가
▶ ain't : aren't의 속된 표현

두 동업자가 플로리다에서 아주 즐거운 시간을 보내고 있었는데 그 중 한 사람이 갑자기 아차 싶은 생각이 들었다.

『이봐, 이거 야단났어. 지금 막 생각났는데 금고 잠그는 걸 잊었잖아.』

『그랬으면 어때』 하고 동업자는 대답했다.

『우리 두 사람이 다 여기 와 있는데 뭐.』

175. 장 사

> A man walked into a dress shop and asked the proprietor, a friend of his, how business was.
>
> "Terrible ! " he complained. "It's so bad, why I only sold one dress yesterday. And today it's even worse. "
>
> "How could it be worse ? " asked his friend.
>
> "Today she returned the dress she bought yesterday, " wailed the proprietor.

▶ proprietor : 소유자, (업체의) 주인
▶ wail : 울부짖다, 한탄하다

옷 가게에 들어선 사람이 친구인 주인을 보고 장사가 어떠냐고 물었다.

『말이 아닐세』 하고 주인은 개탄했다. 『어느 정도인고하니, 글쎄 어제는 겨우 한 벌밖에 팔지 못했지 뭔가. 그런데 오늘은 그보다도 더 해요.』

『그보다도 더 하다니 그게 무슨 소리야?』 그 친구는 물었다.

『어제 사갔던 여자가 오늘 그걸 들고 와서 물러 달라지 뭔가』 하고 그는 한탄했다.

176. 피 서(Ⅰ)

Mr. and Mrs. Denkler were lolling on the sands of Miami Beach in their bathing suits, when a friend of Mr. Denkler's, about to go in for a dip, happened along. He stopped as he saw the couple, and was introduced to Mrs. Denkler as Mr. Winer.

One day, several months after having returned home from the vacation, Mrs. Denkler was riding the bus, when a man got on and sat in the vacant seat opposite her.

▶ loll : 축 늘어져 기대다, 빈둥거리다
▶ happen along : 우연히 지나가다
▶ go in for a dip : (물놀이나 수영을 위해) 물로 들어가다

덴클러 부부는 수영복차림으로 마이애미 해변에 축 늘어져 있었는데 때마침 물 속으로 들어가려던 덴클러 씨의 친구가 그 옆을 지나갔다. 두 사람을 보자 그는 걸음을 멈췄고 남편은 그가 와이너 씨라면서 아내에게 인사시켰다.

휴가를 마치고 집으로 돌아와서 몇달이 지난 어느 날 덴클러 부인은 버스 안에 앉아 있었는데 그때 어떤 남자가 버스에 오르더니 맞은편 빈 좌석에 앉았다.

177. 피 서(Ⅱ)

The man looked up, and seeing Mrs. Denkler he immediately nodded and smiled. Thinking it was some fresh guy trying to pick up a flirtation with her, she just ignored him. Then suddenly a light of recognition dawned upon her, and she exclaimed loud enough for all to hear :

"Why, you are Mr. Winer, aren't you ? I didn't recognize you with your clothes on. "

▶ fresh : (구어)(사람이, 특히 이성에게) 뻔뻔스러운
▶ pick up a flirtation : 희롱을 시작하다

그 남자는 고개를 치켜드는 순간 덴클러 부인을 발견하자 대뜸 고개를 끄덕이고는 미소를 지었다. 뻔뻔스러운 녀석이 그녀를 희롱하려고 수작을 부리나 보다 하고 생각한 덴클러 부인은 그냥 묵살해 버렸다.

그런데 불현듯 그 사람에 관한 기억이 떠오르자 덴클러 부인은 버스에 타고 있는 사람들이 죄다 알아들을 수 있는 큰 소리로 탄성을 질렀다.

『아니 이거 와이너 씨 아니세요? 옷을 입고 계시니 어디 알아볼 수가 있어야죠.』

178. 능 률

An executive who is a great believer in efficiency hung a sign in his office one day last week. It read : "Do it now."

Within twenty-four hours, the cashier bolted with the contents of the safe, his stenographer eloped with his eldest son, the office boy threw the ink bottle into the electric fan, and the whole office force took the afternoon off.

▶ bolt : (미국 구어)도망치다
▶ elope : (애인과 함께) 도망가다
▶ stenographer : 속기사, 비서
▶ take off : (근무시간에) 일하지 않다.

능률을 크게 신봉하는 임원이 지난 주 어느 날 사무실에 표어를 써붙였다. 표어내용은 「지금 당장 하자」는 것이었다.

그러자 24시간 안에 현금출납원은 금고를 털어 갖고 뺑소니쳤고 여비서는 그의 큰아들을 데리고 도망갔으며 사환소년은 선풍기에 잉크병을 집어던졌고 사무실 직원들은 몽땅 그날 오후는 근무하지 않고 나가 버렸다.

179. 위기일발(Ⅰ)

Two partners in the U. S. garment industry were having business problems ; it looked as if they might have to declare bankruptcy. But at the brink, a particular sort of dress seemed to lure a buyer. A West Coast market wanted to buy the whole stock at a price which would put the partners well into the black. The partners were overjoyed.

▶ garmet industry : 의류산업
▶ declare banktrupcy : 파산선고를 하다.
▶ brink : (벼랑의)가장자리, 결정적 국면, 위기
▶ put into the black : 흑자를 내게 하다.

미 국 의류산업계의 두 동업자가 사업상 어려운 상황에 봉착했다. 되어 가는 꼴이 꼭 파산을 선언해야 할 것 같았다. 그런데 그같이 아슬아슬한 판에 어느 한 가지 드레스가 바이어를 끌어들일 것 같았다. 서해안 지역의 어느 시장이 그 드레스의 재고품을 몽땅 사겠다는 것이니, 그들이 주겠다는 값으로 팔린다면 두 동업자의 사업은 거뜬히 흑자로 전환할 것이었다. 두 사람은 더없이 좋아했다.

180. 위기일발(Ⅱ)

> "The only thing is," warned the buyer, "I have to have the deal approved by the home office. I'm going back tomorrow. If you don't hear from me by Friday closing time, you can be sure everything's okay."
> The week went by slowly ; and Friday crawled. The two men sat without moving at their desks, unable to concentrate on any kind of work. Without this deal, they would definitely go under. They sweated the hours out, minute by minute.

▶ go under : 파산하다, 파멸하다
▶ sweat the hours out : 땀흘리며 시간을 (힘겹게) 넘기다

『다만 한 가지 밝혀 둬야 할 것은 이 거래에 대한 본사의 결재를 받아야 한다는 점입니다. 나는 내일 돌아갑니다. 금요일 퇴근시간까지 나한테서 아무 연락이 없으면 일이 잘된 것으로 믿으세요』라고 그는 말했다.

그 한 주는 무척이나 길게 느껴졌으며 엉금엉금 기어오듯 하여 금요일이 되었다. 꼼짝 않고 책상에 앉아 있는 두 사람은 아무 일에도 집중할 수가 없었다. 이 거래가 성립되지 않으면 파산할 것이 뻔했다. 두 사람은 1초 1각을 초조하게 넘기면서 시간을 채워갔다.

181. 위기일발(Ⅲ)

Two o'clock went by, three o'clock, then four o'clock, and they were close to triumph. Four-thirty came, and they were holding their breath.

Suddenly, a messenger burst into the office. "Telegram ! " he said. Two froze in terror.

Finally one of the partners stood up. Slowly he opened the telegram, and read quickly. Then came a shriek of joy. "Horay ! Good news ! Your brother was taken to hospital ! "

▶ triumph : 승리
▶ hold one's breath : 숨을 죽이다

2시가 지나가고, 3시가 되고, 다음으로 4시가 되어 이제 승리의 순간이 다가오고 있었다. 4시 반이 되자 두 사람은 숨을 죽이고 있었다. 그런데 별안간 집배원이 뛰어들었다.

『전보요!』

두 사람은 겁에 질려 굳어 버렸다.

마침내 한 사람이 일어섰다. 천천히 전보를 펼쳐 가지고 급히 읽어내렸다.

그리고는 환성을 질렀다. 『만세! 희소식일세! 자네 동생이 병원에 입원했대!』

182. 부 부

George : "My wife has the worst habit of staying up until one or two o'clock in the morning, and I can't break her of it."

Jimmy : "What is she doing all that time?"

George : "Waiting for me to come home."

▶ stay up : 자지 않고 일어나 있다

조 지 :『우리 마누라는 새벽 한두 시까지 잠들지 않고 일어나 있는 아주 고약한 버릇이 있는데 이 버릇은 도무지 고쳐지지를 않는다네.』

지미 :『그렇게 마냥 일어나 있으면서 뭘하는데?』

조지 :『내가 집에 돌아오기를 기다리는 걸세.』

183. 할인 서비스

One of the airlines introduced a special half-fare rate for wives accompanying their husbands on business trips. Anticipating some grateful responses, the publicity department of airline sent out letters to all the wives of businessmen who used the special rates, asking how they enjoyed their trips.

Responses began pouring in asking :

"What trip ? "

▶ special half-fare rate : 특별 반액요금
▶ publicity department : 선전부

어느 항공사가 출장여행하는 남편과 동행인 부인들을 상대로 특별 반액할인제를 실시했다. 그리고 이 항공사 선전부는 좋은 반응을 기대하면서 그 할인제를 이용한 기업인들의 부인들에게 여행소감을 묻는 편지를 띄웠다.

그랬더니 『어떤 여행말입니까』 하고 묻는 답장이 쏟아져 들어오기 시작했다.

184. 흥 정

An old lady stepped up to the ticket window in the railway station and asked. "How much is a ticket to Cleveland ? "

"That's ten dollars and seventy nine cents, " replied the ticket agent.

The old lady turned to the little girl beside her and said, "I guess we may as well buy our tickets here. I've asked at all these windows, and they are the same price everywhere. "

▶ ticket agent : 매표원
▶ may as well : ~하는 것이 낫다

할머니는 철도역 매표구로 다가가서 물었다.
『클리블랜드까지 가는 표는 얼마 해요 ? 』
『10달러 79센트입니다』라고 매표원은 대답했다.
할머니는 곁에 서 있는 어린 소녀를 보고 『여기서 사야 하나 보다. 매표구마다 돌아다니면서 물어 봤지만 여기서는 모두 값이 같구나』 하고 말했다.

185. 교　훈(Ⅰ)

A very tidy young man was distressed by his wife's carelessness in attire at home. He was especially annoyed by a torn skirt, which his wife was forever pinning and never mending.

Being a tidy man, he had acquired some skill with a needle in his bachelor days. With the intention of administering a rebuke to his wife, he set to work on the torn skirt during her absence.

▶ be distressed : 괴로워하다, 고민하다
▶ some skill with a needle : 약간의 바느질솜씨
▶ administer a rebuke : 견책하나

무척 깔끔한 청년은 아내가 집에서 옷차림에 신경을 쓰지 않는 사실 때문에 고민했다. 무엇보다도 그를 곤혹스럽게 하는 것은 찢어진 스커트였다. 아내는 그것을 꿰매 입을 생각은 아예 하지 않고 마냥 핀으로 엮어 가지고 다녔다. 단정한 성품인 그는 총각시절에 바느질하는 요령을 어느 정도 익혔었다. 아내에게 따끔하게 일침을 가할 생각으로 그는 그녀가 집을 비운 사이에 그 스커트를 꿰매는 일에 착수했다.

186. 교 훈 (Ⅱ)

The young husband sewed up his wife's skirt neatly.

When, on her return home, he showed her what he had done, she was touched and kissed him tenderly. Soon she left the room, to return with an armful of garments.

"Here are some more for you, darling," she announced happily. "Dont't hurry. Just do them whenever you have time."

▶ neatly : 곱게
▶ be touched : 감동하다

젊은 남편은 아내의 스커트를 곱게 바느질했다.
집에 돌아온 아내에게 꿰맨 스커트를 내보이자 그녀는 감격하면서 남편에게 정답게 키스를 했다.

이윽고 방에서 나가던 아내는 옷들을 한 아름 안고 다시 나타났다.

『여보, 여기 당신 일거리들이 더 있어요』 하며 아내는 사뭇 좋아했다. 『급히 하실 건 없어요. 틈이 나는 대로 언제든지 하세요.』

187. 여 장

> The wife who could not attend the banquet with her husband began questioning him about what the women wore to the gala affair.
>
> Somewhat exasperated he finally replied, "They didn't wear anything particular, as far as I know."
>
> "Do you mean," she demanded, "that women came there with no clothes on at all?"
>
> "They didn't have on any clothes above the table," he assured her, "and I didn't dare look under it."

▶ banquet : 연회
▶ gala affair : 잔치
▶ exasperate : 화나게 하다

남편과 함께 연회에 나갈 수가 없었던 아내는 그 잔치에 나왔던 여자들의 옷차림에 관해 묻기 시작했다.

마침내 남편은 『내가 기억하는 바로는 별것 안 입었더라구요』 하고 좀 짜증스럽게 말했다.

『아니, 거기 나온 여자들이 아무것도 안 입었더란 말인가요?』

『식탁 위로는 입고 있는 것이라고는 없더란 말이오. 그

렇다고 감히 식탁 아래를 들여다볼 수는 없는 노릇 아니
오.』

188. 무솔리니

In the days of Mussolini's higher prestige, it is
said that he was once stranded in a small town due
to the breaking down of his automobile. He went
into a local cinema. When his picture appeared on
the screen, everyone rose but he remained seated.
The manager of the theater came forward, tapped
him on the shoulder, whispering in his ears. "I feel
the same way, but you'd better stand. It's safer."

▶ prestige : 명성
▶ be stranded : 오도가도 못하게 되다

무 솔리니가 한창 이름을 떨치던 시절에 있었다는 이
야기 한 토막. 어느날 그는 작은 마을에서 자동차
가 고장나 오도가도 못하게 되자 그곳 영화관에 들어갔
다. 화면에 그의 사진이 나오자 다들 기립했으나 무솔리니
는 그대로 앉아 있었다. 영화관 지배인이 다가오더니 그의
어깨를 툭툭 치고는 그의 귀에 대고 소근거리는 것이었
다.

『당신 기분만은 나도 알겠지만 일어서시는 게 좋아요.
그래야 무사할 테니까요.』

189. 횡 령

The burglars had tied and gagged the bank cashier after extracting the combination to the safe and had herded the other employees into a seperate room under guard. After they rifled the safe and were about to leave the cashier made desperate pleading noises through the gag. Moved by curiosity one of the burglars loosened the gag.

"Please ! " whispered the cashier, "take the books, too : I'm $ 6,500 short. "

▶ extract : (사람에게서 지식이나 정보 따위를) 얻다
▶ combination to a safe : 금고를 열기 위한 암호번호
▶ rifle : 샅샅이 찾다, 도둑질하다

도둑들은 은행출납계원으로부터 금고번호를 알아내고는 그의 입을 틀어막아 묶어 놓았고, 다른 은행원들은 딴 방으로 몰아넣고 감시했다. 그런데 도둑들이 금고를 죄다 털고 나서 떠나려고 하자 입이 틀어막힌 출납계원은 필사적으로 뭔가를 애원하는 투의 비명을 질렀다. 이상히 여긴 도둑 하나가 그의 입을 끌러줬다.

『제발 장부도 함께 가지고 가 줘요! 지금 6,500달러가 축나 있어요.』

190. 프로포즈

A beautiful brunet opened the door in response to the salesman's knock. "Good morning, is your husband in ? "

"No, I'm sorry. He's away on business and won't be back for three weeks. "

Taking another look at the gorgeous woman the salesman said, "That's all right, I'll wait. "

▶ brunet : 거무스름한 피부·머리칼·눈을 가진 여자
▶ in response to : ~에 응하여, 에 답하여
▶ gorgeous : 훌륭한, 멋진

판 매원이 노크하자 브루네트 미인이 나타났다.
『안녕하십니까. 바깥양반 계세요?』

『아뇨. 미안합니다만 그이는 출장 중입니다. 3주 동안은 돌아오지 않습니다.』

여자의 요염한 생김새를 다시 한번 눈여겨 보면서 판매원은 입을 열었다.

『괜찮아요. 기다리겠습니다.』

191. 열 중

> "Doctor," said the voluptuous young girl. "I'd prefer being vaccinated where it won't show."
>
> "All right," replied the physician, "but that will cost you ten dollars in advance."
>
> "Why do I have to pay in advance?" the girl protested.
>
> "Because the last time a patient as pretty as you made that request," he explained, "I got so wrapped up in what I was doing I forgot to charge her."

▶ voluptuous : 관능적인, 요염한
▶ get wrapped up in : ~에 열중하다

『선생님, 이 예방주사는 보이지 않는 데에다 놓아 주시면 좋겠네요』하고 요염하게 생긴 아가씨가 말했다.

『좋아요. 하지만 그렇게 하자면 10달러를 미리 받아야 해요』하고 의사는 대답했다.

『어째서 선불을 해야 되나요』하고 아가씨가 항의했다.

『왜고 하니, 지난 번에 아가씨같이 예쁜 손님이 그런 청을 하기에 그것을 들어주다 보니 어찌나 열중했던지 돈받는 것을 잊었거든요』하고 의사가 설명했다.

192. 마사지(I)

Luke, a farm hand who had read about the sexy
goings-on in massage parlors, went to the big city.
When he visited a massage parlor, the girl told him
the rates were thirty dollars for a special treatment
and twenty dollars for a plain one.

As he was too shy to ask for what the difference
was and also wanted to impress the girl, Luke gave
her one of his two fifty dollar bills and ordered the
thirty-dollar special.

안 마시술소에서의 섹시한 일들에 관한 기사를 봐 왔
던 농장일꾼 류크가 큰 도시로 나들이를 갔다. 안
마시술소를 찾으니 아가씨는 30달러짜리 특별서비스와 20
달러짜리 보통 서비스가 있다고 했다.

수줍어서 그 두 가지의 차이가 무엇인지를 물을 수 없었
고 게다가 뽐내고 싶은 생각이 들었으므로 그는 가지고 있
던 50달러짜리 두 장 가운데 하나를 꺼내 주면서 30달러짜
리 특별로 주문했다.

193. 마사지(Ⅱ)

The next night, Luke decided to try the twenty-dollar one because the expenses of hotel room and meals would leave him just enough to get back home. When he gave the girl his second fifty-dollar bill, an electric buzzer sounded.

"Hide!" she pushed him into the closet. "Don't make a sound."

Finding him still hiding there after five hours, the girl was so sorry that she gave him not only his change but the special treatment for twenty dollars.

Back on the farm, Luke told his experiences to his friend, Clem. When Clem asked about the difference between the two treatments, Luke replied, "On the twenty-dollar one, you got to wait longer for your change."

이튿날 밤 류크는 20달러짜리 서비스를 받기로 했다. 숙박비와 돌아갈 노자를 제하고 나면 그 정도의 여유밖에 없었기 때문이다. 50달러짜리를 건네주는 순간 버저소리가 울리자 아가씨는 『숨어요! 꼼짝 말고 있어요』라며 그를 벽장으로 밀어 넣었다.

다섯 시간 후 돌아와서 그가 여전히 숨어 있는 것을 본
여자는 미안한 나머지 거스름돈을 내주고는 20달러에 특별
서비스를 해 줬다.

농장에 돌아와서 그의 경험을 들려 줬더니 친구는 두 가
지 서비스의 차이를 묻는 것이었다.

『20달러짜리는 거스름을 받는데 한참 기다려야겠더군.』

194. 기 차

A tourist from Texas, the largest state of the United
States, boasted in a small country in Africa.

"You know, in Texas you get on a train, ride for
days and you'll still be in Texas."

"That's too bad. We have the same trouble with
our trains," the native guide said.

▶ boast : 자랑하다

미국 최대의 주 텍사스에서 온 관광객 한 사람이 아
프리카의 어느 조그마한 나라에서 자랑을 늘어놓
았다.

『텍사스에서는요, 기차를 한 번 탔다 하면 며칠 동안 타
고 있어도 여전히 텍사스에서 벗어나지를 않아요.』

『거 참 안됐군요. 우리 나라의 기차들도 그렇게 말썽을
부린 답니다』 하고 원주민 안내원들은 말했다.

195. 아데나워

When Konrad Adenauer, former west German Chanceller, was laid up with the grippe, he chafed at his doctor and said he had to get better because he was scheduled to make an official trip abroad.

"I'm not a magician," said the doctor. "I can't make you young again."

Adenauer replied : "I'm not asking that. I don't want to become young again ; all I want is to go on getting old."

▶ be laid up : 앓아눕다
▶ the grippe : 유행성 녹감
▶ chafe at : ~를 보고 화내다
▶ magician : 마술사, 요술사

서독 총리였던 콘라트 아데나워가 독감으로 드러눕게 되자 해외로 공식여행을 떠나야 하므로 병이 나아야 한다면서 의사를 보고 짜증을 냈다.

『저는 요술사가 아니라서 젊게 해드릴 재간은 없습니다』라고 의사는 말했다.

그러자 아데나워는 『누가 젊게 해달랬어요. 다시 젊어지고 싶은 생각은 없고, 다만 계속해서 늙게 해달라는 겁니다』라고 응수했다.

196. 정부(情婦)들

Two old cronies met in a bar. "What's the matter,
Fred ? " asked the first man. "You look terrible. "

"To tell you the truth, " replied Fred, "I'm scared.
I got a letter from a guy who says he'll kill me if I
don't stay away from his wife. "

"Well, what are you scared of ? All you have to
do is stay away from the guy's wife. "

"The problem is, " replied Fred, "the guy didn't
sign his name. "

▶ crony : 친구
▶ be scared : 겁내다, 두려워하다
▶ stay away from : ~을 멀리하다

두 친구가 바에서 만났다. 『웬일인가. 그렇게 침통한
표정이니』 하고 한 친구가 물었다.

『솔직한 애기가 겁이 난다구. 어떤 녀석에게서 편지가
왔는데 자기 마누라와의 관계를 끊지 않으면 죽이겠다는
거야.』

『그렇다면 겁낼 것 없잖아. 그 여자를 멀리하면 될 것
아닌가.』

『그 녀석이 이름을 밝히지 않았으니 문제란 말이야』 하
고 친구는 말했다.

197. 재치문답

Teacher : "Now, if you had five apples in your pocket, could I take seven out ? "
Tommy : "No, sir. "
Teacher : "That's correct, and why not ? "
Tommy : "Because they are not yours. "
Teacher : "If there were five flies on the table and I killed one, how many would be left ? "
Tommy : "One — the dead one. "

선생 :『자아, 네가 호주머니 속에 사과 다섯 개를 가지고 있다고 치자. 그럴 때 내가 일곱 개를 꺼낼 수 있을까 ?』

토미 :『꺼낼 수 없습니다.』

선생 :『맞았어. 하면 어째서 꺼내지 못하는 것이지 ?』

토미 :『그건 선생님의 것이 아니기 때문입니다.』

선생 :『테이블 위에 파리 다섯 마리가 있는데 한 마리를 잡았다면 몇 마리가 남아 있겠나 ?』

토미 :『죽은 놈 한 마리만요.』

198. 파데레프스키(I)

Paderewski arrived in a small town and decided to take a walk. While strolling along he heard a piano, and, following the sound, came to a house on which was a sign reading :

"Miss Jones. Piano lessons 25cents an hour."

Pausing to listen he heard the young woman trying to play one of Chopin's nocturnes, and not succeeding very well.

Paderewski walked up to the house and knocked.

▶ Paderewski : 폴란드 태생 피아니스트
▶ nocturne : 야상곡

어느 작은 고장에 도착한 파데레프스키가 산책길에 나섰다. 피아노 소리가 들리기에 그리로 가 봤더니 다음과 같은 간판이 걸려 있었다.

『피아노 지도 시간당 50센트, 미스 존즈.』

발걸음을 멈추고 들어보니 쇼팽의 야상곡을 연주하고 있으나 그 젊은 여자의 솜씨는 신통치 않았다.

파데레프스키는 그 집으로 다가가서 노크했다.

199. 파데레프스키(Ⅱ)

Miss Jones came to the door and recognized him at once.

Delighted, she invited him in and he sat down and played the nocturne as only Paderewski could, afterward spending an hour in correcting her mistakes.

Some months afterward he returned to the town, and again took the same walk.

He soon came to the home of Miss Jones, and, looking at the sign, he read :

"Miss Jones. Piano lessons $ 1. 00 an hour (Pupil of Paderewski). "

문을 연 미스 존즈는 손님이 누구인지를 대번에 알아 봤다. 반가운 나머지 집 안으로 맞아들이자 파데레프스키는 그만의 독특한 솜씨로 야상곡을 연주하고는 한 시간 동안 미스 존즈의 잘못된 연주를 바로잡았다.

그로부터 몇달 후 파데레프스키는 다시 그 고장을 찾게 되었고 역시 그 길을 산책했다.

곧 미스 존즈의 집에 이르렀는데 거기에는 다음과 같은 간판이 걸려 있었다.

『피아노 지도 시간당 1달러, 미스 존즈(파데레프스키의 문하생).』

200. 부전(父傳)

William had just returned from college, resplendent in loud-colored trousers and necktie and a fancy waist-cost. His father, who was reading, looked up. The longer he looked the more disgusted he became.

"Son, " he finally blurted out, "you look like a silly fool."

At that moment an elderly neighbor came in and greeted the boy heartily. "You look exactly as your father did twenty-five years ago when he came back from school."

"Yes, " said William, "so father was just telling me."

▶ resplendent : 눈부시게 빛나는
▶ loud-colored : 색깔이 야한
▶ fancy : 별스럽게 고안된
▶ blurt out : 불쑥 말하다

대학에 다니는 윌리엄이 야한 색깔의 바지와 넥타이 그리고 별스러운 조끼차림으로 집에 돌아왔다. 책을 읽고 있던 아버지는 고개를 들고 아들을 바라봤다. 보면 볼수록 역겨운 꼬락서니였다.

『꼭 얼빠진 놈 같군』 하고 아버지는 불쑥 내뱉았다.

그때 찾아온 이웃집 노인은 그를 보고 사뭇 반가워했다.

『너 꼭 25년 전의 네 아버지가 학교에서 돌아왔을 때 모습이로구나.』

『네, 아버지가 지금 그 이야기를 하고 있는 참입니다.』

201. 팔순(八旬)

One of the two girls in the subway was glancing at a newspaper. "I see," she remarked presently to her companion, "that Mr. So and So, the octogenarian is dead. Now, what on earth is an octogenarian anyhow?"

"I'm sure I haven't the faintest idea," the other girl replied. "But they're awful sick people. You never hear of one but he's dying."

▶ companion : 동료
▶ so and so : 아무아무개
▶ octogenarian : 80세의 (사람)
▶ have not the faintest idea : 전혀 모르다

처녀 한 쌍이 지하철에 오르더니 그 중 하나가 신문을 들여다봤다.

『팔순인 아무아무개 씨가 사망이라. 애, 대관절 이 팔순이라는 게 뭐니』 하고 아가씨는 신문을 보더니 곧 친구에게 말했다.

『나도 도무지 몰라, 얘. 하지만 그건 대단히 아픈 사람들인가봐. 그 사람들에 관한 이야기는 죽는 것밖에 없잖니.』

202. 섹스차림

A young army officer was apprehended, completely nude, while chasing a woman through the lobby of a large hotel. However, his lawyer soon had him freed by invoking a provision of the army regulations in a most fabulous way.

The army manual of that country specifically states that an officer need not be in uniform, provided he is properly attired for the sport in which he is engaged.

▶ apprehend : 체포하다
▶ fabulous : 기상천외의
▶ invoke : (법에) 호소하다
▶ manual : 교범
▶ provided : 만일 ～라면
▶ be properly attired for : ～에 알맞게 옷차림을 하다

벌거숭이가 되어 큰 호텔 로비에서 여자를 뒤쫓고 있던 젊은 장교가 검거되었다. 그러나 그의 변호인은 군대의 법규를 기상천외한 방법으로 동원하여 그를 곧 풀어 줬다.

그 나라의 육군교범은 장교가 어떤 스포츠를 하고 있을 때 그 특정 스포츠에 알맞는 차림을 하고 있기만 하다면 정복을 착용하지 않아도 무방하다고 규정하고 있는 것이다.

203. 권위주의

When Charles Ⅱ once paid a visit to Dr. Busby, the Doctor strutted through the schoolroom with his hat on his head, while His Majesty walked behind him with his hat under his arm. But when he was taking his leave at the door, the Doctor, with great humility, addressed the King, "I hope Your Majesty will excuse my want of respect hitherto ; but if my boys were to imagine there was a greater man in the kingdom than myself, I should never be able to rule them. "

▶ Busby : Richard Busby, 엄한 것으로 유명했던 Westminster School의 교장

찰스 2세가 버스비 박사를 방문한 적이 있었는데 그때 버스비는 모자를 쓴 채 당당하게 교실을 걸어다녔고 폐하는 모자를 벗어 겨드랑이 아래에 끼고 버스비의 뒤를 따라다녔다. 그러나 막상 현관에서 폐하를 배웅할 때에는 사뭇 공손하게 말했다.

『폐하께서 소인의 불손함을 용서해 주시기 바랍니다. 아

이들이 이 나라에 소인보다 더 위대한 분이 있다고 생각하
게 되는 날이면 다스려 나갈 수가 없게 됩니다.』

204. 영리한 개(Ⅰ)

The master of a very clever dog was fond of hot
rolls for breakfast. He placed a penny each day in
his dog's mouth and said to him, "Baker's."
The dog would then start off for the baker's. Once
there, he placed his feet on the counter and presented
a penny to the proprietor of the shop, who, taking
the penny, placed a bag containing a penny roll in
the dog's mouth.

▶ be fond of : ~을 좋아하다
▶ start off : 시작하다, 출발하다

아주 영리한 개를 가진 사람이 있었는데 그가 아침식
사 때 즐겨 먹는 것 중의 하나는 따뜻한 빵이었
다. 그는 아침마다 1페니를 개 입 속에 집어 넣으면서 『빵
가게』라고 했다. 그러면 개는 빵가게로 향했다. 그곳에 도
착하면 앞발을 카운터에 얹고는 1페니를 가게주인에게 건
네주는데, 돈을 받은 가게주인은 1페니짜리 빵을 봉지에
넣어서 그 개 입에 물려주곤 했다.

205. 영리한 개(Ⅱ)

The dog used to transport the bag containing a penny roll to his master for his breakfast.

One day the dog had, as usual, brought his penny to the baker's counter and waited for the usual roll for his master. The man, however, in order to see what the dog would do, took a half penny roll and, depositing it in a bag, placed the latter, just as usual, in the dog's mouth.

The dog put down the bag on the counter and went out. Presently he turned up again with a policeman.

개는 빵이 든 그 봉지를 아침식사를 할 주인에게 운 반해주곤 했다. 어느날 그 개는 여느때와 다름없이 빵가게에 나타나서 1페니를 카운터에 내놓고 빵을 챙겨주기를 기다렸다. 그런데 빵가게 주인은 개가 어떻게 하나 보려고 반 페니짜리 빵을 봉지에 넣어서 여느때처럼 개에게 물려주었다. 그랬더니 개는 그 봉지늘 카운터에 내려놓고 나가 버렸다. 잠시 후 개는 경찰관을 데리고 다시 나타났다.

206. 창 작

> The businessman's wife, who had called at his office, regarded the pretty young stenographer with a baleful eye.
>
> "You told me that your typist was an old maid," she said accusingly.
>
> The husband, at a loss, faltered in his reply, but at last contrived :
>
> "Yes, but she's sick today, and sent her grandchild in her place."

▶ baleful : 악의있는
▶ at a loss : 어찌 할 바를 몰라, 당황하여
▶ contrive : 꾸며내다

남편 사무실을 찾은 기업가의 아내는 젊고 예쁜 여비서를 심술궂게 바라봤다.

『당신은 타이피스트가 올드미스라고 했죠』라고 그녀는 남편을 나무랐다.

남편은 어찌할 바를 몰라 우물쭈물하더니 마침내 꾸며댔다.

『그럼, 올드미스지. 하지만 오늘은 몸이 불편해서 손녀를 대신 보낸 거라구요.』

207. 귀울림(Ⅰ)

A lawyer who was suffering from a recurrent ringing in his ears went to a doctor who recommended that his tonsils be removed. The operation didn't help. A second doctor suggested the extraction of teeth, but this, too, failed to help ; the ringing continued.

Finally, he visited a third specialist who told him bluntly : "I'm sorry, but you're suffering from a rare disease. At best you have six months to live."

잦은 귀울림에 시달리는 변호사가 의사를 찾아갔더니 편도선을 떼어내 보라는 것이었다. 편도선수술을 받았으나 효과가 없었다. 다른 의사를 찾아갔더니 이를 빼 보라는 것이었으나 발치를 했는데도 귀울림은 여전했다.

그래서 또 다른 전문의를 찾아갔더니 『안됐습니다만 아주 드문 병에 걸렸습니다. 기껏해야 6개월 이상 못 사시겠어요』라고 탁 터놓고 말하는 것이었다.

208. 귀울림(Ⅱ)

Since he had no relatives to whom to leave his money, the lawyer decided to spend every cent. He booked passage for a trip around the world, went to the best tailor and had him fashion twenty handmade suits. He even decided to have his shirts made to order.

"All right," said the shirtmaker, "let's get your measurements. Thirty-four sleeve, sixteen collar—"

"No, that's fifteen," said the lawyer.

"Collar sixteen," repeated the shirtmaker as he checked the tape measure.

"It can't be," the lawyer insisted. "I've always worn a fifteen collar and that's what I want."

"All right." said the shirtmaker, "but you'll get a ringing in your ears."

유산을 물려 줄 일가친척이라고는 없었던 이 변호사는 그의 돈을 한푼없이 다 써 버리기로 했다. 세계 일주여행을 예약해 놓고는 일류양복점에 가서 유행을 살린 수제 양복 20벌을 주문했다. 와이셔츠까지도 맞춰 입기로 했다.

『자아, 그럼 몸을 재 봅시다』 하고 셔츠재봉사가 말했다. 『소매 34, 목 16』 『아니 15』라고 변호사가 바로잡아 줬다.

줄자를 다시 살피던 재봉사는 『목 16』이라고 되풀이했다.

『그럴 리가 없어요. 난 늘 15로 입어 왔으니 그렇게 해 줘요.』

『좋습니다. 하지만 15로 입으면 귀가 울릴 텐데요.』

209. 선각자?

A group of atomic scientists held a convention at Las Vegas, and one of the professors spent all of his free time at the gambling tables. Some of his colleagues were discussing their friend's weakness.

"Fenwick gambles as if there were no tomorrow," one said.

"Maybe," commented the other, "he really knows something."

▶ convention : 집회, (정치·종교·교육·노조 등의) 대표자대회

▶ as if there were no tommorow : 마치 내일이 없다는 듯이 (곧 세상이 끝난다는 듯이)

라 스베이가스에서 원자과학자들의 회의가 열렸는데 거기에 참석한 교수 한 사람은 틈만 나면 도박판에

가서 시간을 보냈다. 그의 동료 몇사람은 이 교수의 도박벽에 관해 이러쿵저러쿵했다.

『펜윅은 마치 내일이 없다는 듯이 도박에만 열중이군』이라고 한 사람이 말했다.

『어쩌면 그 친구 진짜 뭔가를 알고 있는 게 아닐까』하고 또 한 사람이 말했다.

210. 졸 부

The newly rich woman was standing in front of a painting at New York's famous Metropolitan Museum. It was a beautiful oil of a ragged but happy vagabond.

"Well," exclaimed the woman indignantly. "How do you like that? Too broke to buy a decent suit of clothes, but he can afford to go out and get his portrait painted."

▶ newly rich : 벼락부자의, 졸부의
▶ vagabond : 방랑자
▶ How do you like that? : 저걸 어떻게 생각하는가
▶ broke : (속어) 파산하여

벼락부자가 된 여자가 뉴욕의 유명한 메트로폴리탄 미술관에서 한 그림 앞에 서 있었다. 그림은 옷차림은 남루하나 명랑한 표정을 짓고 있는 방랑자의 모습을

그린 아름다운 유화였다.

『아니, 저럴 수가 있나』 하며 여자는 격분했다.

『그래, 옷도 변변히 입을 수 없는 주제에 초상화를 그리게 하고 앉아 있다니……』

211. 명령복종(Ⅰ)

A man told his seven-year-old son that he had to leave the apartment for a while, and that under no circumstances was the boy to open the door to anyone. The father had not gone long when he realized that he had forgotten door keys. He returned home and rang the doorbell repeatedly, but got no answer. He went to the nearest phone booth and called home.

▶ under no circumstances : 어떤 일이 라도 ~ 않다

아버지는 일곱살 된 아들아이에게 잠시 나갔다 올 터이니 상대가 누구이건 간에, 어떤 일이 있어도 문을 열어 주지 말라고 당부하고 아파트를 나섰다. 그런데 집을 나선 지 얼마 안 가서 그는 현관문 열쇠를 집에 두고 온 사실을 깨닫게 되었다. 집으로 되돌아가서 벨을 몇번이고 눌러 봤으나 전혀 응답이 없었다. 하는 수 없이 가까운 공중전화를 찾아 집에 전화를 걸었다.

212. 명령복종(Ⅱ)

"Jimmy, this is your Dad. Please open the door. I've left my keys inside," begged the father.

Without a word, the boy hung up.

The father was finally able to obtain a door key elsewhere, and got into the apartment. He asked his son : "Why didn't you let me in ? You knew it was Dad." "I thought you were testing me," his son replied.

▶ let in : 들이다, 들여보내다

『지미야, 나 아빠야. 제발 문을 열어 줘. 열쇠를 집에 두고 나왔어』 하고 아버지는 애원했다.

그러나 아들녀석은 일언반구하지 않고 전화를 끊어 버렸다.

마침내 다른 곳에서 현관문 열쇠를 구한 아버지는 그것을 사용하여 아파트에 들어갔다.

『너 어째서 문을 열어 주지 않았어 ? 아빠라는 걸 알고 있었잖아』 하고 아버지는 따졌다.

『난 나를 시험하는 건 줄 알았잖아』라고 아들은 대답했다.

213. 보　복

Wanting to borrow some money to make a six-month tour of Europe, a man went to the bank where he had done business for years. The bank refused the loan.

He went to another bank and obtained the loan without any difficulty. Then he bought a five-pound fish, had it wrapped, and put it in his safe-deposit box at the first bank as he joyfully left town for six months.

▶ loan : 대출
▶ safe-deposit box : 안전금고, 보관함

6개월간 유럽 여행을 하려는 사람이 융자를 받으려고 다년간 거래해 온 은행으로 갔다. 은행은 그의 청을 거절했다.

다른 은행으로 찾아간 그는 별 문제없이 융자를 받았다. 이윽고 그는 5파운드 무게의 생선 한 마리를 사서 포장해 가지고는 첫 은행에 가서 그의 귀중품 보관함에 집어 넣었다. 그리고는 신바람이 나서 6개월간의 여행길에 올랐다.

214. 외 모

Two girls at the beach were admiring the passing scene, which included an athletic chap, who was strutting his best.

"That's my kind," said one.

"Well, I don't know," the other replied. "I had a friend who married a man who owned a two-car garage, but he just keeps a bicycle in it."

▶ an athletic chap : 스포츠맨 형의 사내
▶ chap : 녀석
▶ strut : 뽐내며 걷다
▶ garage : 차고

두 아가씨가 해변에서 지나가는 광경을 감상하고 있었는데 스포츠맨 형의 사내가 사뭇 뽐내면서 걸어 갔다.

『내가 좋아하는 타입이야』 하고 한 아가씨가 말했다.

『글쎄, 보기만 해서는 잘 모르겠더라, 얘』 하고 친구가 대답했다.

『내 친구 중에 자동차 두 대가 들어가는 차고를 가진 남자와 결혼한 애가 있었는데 그 차고 속에는 자전거 한 대가 들어 있을 뿐이라지 뭐니.』

215. 장 모

A large crowd gathered for the funeral of the farmer's mother-in-law, who had been kicked to death by the farmer's mule. But the predominance of men among the mourners was a cause of comment. Even the minister asked why there were so many men present.

"Oh," said the farmer, "they all want to buy that mule."

▶ mule : 노새
▶ predominance : 우월, 우위, 우세
▶ mourner : 문상객

노새에 채여 죽은 장모의 장례를 지내는 어느 농부집에 많은 사람들이 모여들었다. 그런데 문상객의 대다수가 남정네들이라는 사실에 대해 사람들은 한 마디씩 했다. 심지어 목사님까지도 웬일로 남자들이 그렇게 많이 왔느냐고 물었다.

『그건요』하고 농부는 대답했다. 『저 사람들 모두가 저 노새를 사가겠다는 겁니다요.』

216. 릴리 양

Lily just could not imagine why she was so popular among her boy friends.

"Is it my lovely hair？" she asked one of her boy friends.

"No."

"Is it my cute figure？"

"No."

"My personality？"

"No."

"Then, I give up."

"That's it！"

▶ cute : 귀여운
▶ That's it. : 바로 그것이다

릴 리 양은 어째서 자기 자신이 사내녀석들 사이에서 그토록 인기가 있는지 알 수가 없었다.

『내 머리가 고와서야』 하고 한 남자 친구에게 물었다.

『아냐.』

『몸매가 귀여워서？』

『아냐.』

『내 성격 때문에？』

『아냐.』

『그럼, 나 손들었어.』
『바로 그거야 ! 』

217. 목사와 소년

A travelling preacher in a strange town asked a newsboy the way to the post office. The boy showed him the route, and the preacher thanked him, adding :

"You seem to be a bright and courteous young man. How would you like to listen to my sermon this evening so that I may show you the way to Heaven ? "

"You're going to show me the way to Heaven ? " said the boy. "Why, you don't even know the way to the post office ! "

▶ preacher : 설교자, 전도사, 목사

여행 나선 목사님이 낯선 고장에서 신문팔이 소년에게 우체국 가는 길을 물었다. 소년이 길을 가르쳐 주자 목사님은 고맙다면서 한 마디 덧붙였다.

『보아 하니 똑똑하고 예의바른 젊은이로군. 오늘밤 내 설교를 들으러 오지 그래. 천당 가는 길을 가르쳐 줄 테니.』

『천당가는 길을 가르쳐 주신다고요? 아니, 우체국 가는
길도 모르면서요! 』

218. 클리블랜드(Ⅰ)

One of President Grover Cleveland's favorite
sports was fishing, and, like most presidents, he was
quite expert. Aware of his skill, two of his friends
suggested that the first one of the three who caught
a fish should treat the crowd. The president agreed.

▶ Grover Cleveland : 미국 민주당 출신의 제22, 24대 대통령
▶ expert : 노련한
▶ crowd : (구어)동료, 패거리

미국 대통령 그루버 클리블랜드가 즐겼던 스포츠의
하나는 낚시였는데 대통령들이 거의 모두가 그러
했듯 클리블랜드도 낚시솜씨가 썩 좋았다. 그의 낚시솜씨
를 잘 알고 있던 두 친구는 함께 낚시하고 있는 세 사람 중
에서 맨 먼저 고기를 낚는 사람이 다른 사람들을 대접하기
로 하자고 제의했다. 대통령은 이 제의를 받아들였다.

219. 클리블랜드(Ⅱ)

"Do you know," Cleveland related later to a friend, "those fellows were down right mean. They both had bites and let their fish get away."

"I guess you had to treat, then," suggested the friend.

"Oh, no," replied the president. "I didn't have any bate on my hook."

▶ down right : 철저하게
▶ mean : 천한, 비열한
▶ get away : 도망치다, 물러가다

대통령은 후일 이날의 일을 친구에게 이야기했다.
『그 친구들 정말로 쩨쩨하더군. 고기가 와서 무는 데도 낚아 올리지 않더란 말이야.』

『그럼 꼼짝없이 그 사람들을 대접하게 됐겠네요』라고 그 친구는 말했다.

『천만에, 난 낚시에 미끼를 끼우지 않았으니까』 하고 대통령은 말했다.

220. 유 혹

"Your Honor," said the woman on the witness stand, "that man came into the movie and sat down beside me. And soon he began holding my hand, and then stroking my arm. Then he started kissing me and hugging me. Then he was gone and so was my purse.

"Why," asked the judge, "didn't you move away or call for help when he was doing all this kissing and hugging?"

"Your Honor, I had no idea he was after my money."

▶ Your Honor : 재판장에 대한 경칭

『판사님, 저 사람이 영화관에 들어오더니 저의 곁에 와서 앉았습니다. 그리고는 곧 저의 손을 잡았고 이윽고 팔을 쓰다듬었습니다. 그러더니 키스하며 포옹하기 시작하는 것이었어요. 그러다가 가 버렸는데 그때 보니 저의 지갑도 없어졌어요.』

『아니 그렇게 키스하며 껴안고 하는데 어째서 그 자리를 떠나거나 소리치지 않았던가요?』

『그가 돈을 탐내고 있다고는 생각조차 못했거든요.』

221.　기자회견（Ⅰ）

A sedate English literary man was interviewed by reporters on his arrival in New York. He remembered that he had been warned before leaving London that American newshawks would probably try to make a fool of him.

"Are you going to visit any night clubs during your stay in New York ? " was the first question asked.

▶ sedate : 침착한, 진지한
▶ literary man : 문인
▶ newshawk : (구어)특히 정력적이며 적극적인 기자

점잖은 영국 문단인사가 뉴욕에 도착하자 기자들에게 둘러싸였다. 런던을 떠나기 앞서 미국 기자들이 극성스러워 십중팔구 그를 농락하려 들 것이라고 경고받았던 사실이 문득 그의 기억에 떠올랐다.

『뉴욕에 머무시는 동안에 어느 나이트클럽에 가 보실 생각이신지요』라는 것이 그에게 던져진 첫 질문이었다.

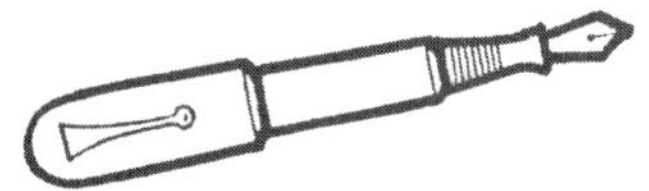

222. 기자회견(Ⅱ)

> "Are there any night clubs in New York ? " parried
> the literary man from London.
>
> The next day he opened his morning paper to an
> account of the interview. According to the story,
> the visiting literary man was so curious about New
> York's night life that the first question he had asked
> stepping down the ramp was : "Are there any night
> clubs in New York ? "

▶ parry : (질문 따위를) 회피하다.
▶ account : 기사
▶ night life : (환락가 등에서의) 밤의 생활(즐거움)

『뉴욕 어디에 나이트클럽이 있는가요 ?』라고 반문하면서 런던에서 온 이 문인은 질문에 대한 답변을 회피했다.

이튿날 조간신문을 펼치면서 그는 자신의 인터뷰 기사를 찾아봤다. 그 기사에 따르면 그는 뉴욕 밤의 환락가에 어찌나 호기심이 많았던지 미국 땅을 밟으면서 첫째로 던진 질문이 『뉴욕 어디에 나이트클럽이 있는가요』라는 것이었단다.

223. 전형(銓衡)

An Irishman was once brought up before a magistrate, charged with marrying six women. The magistrate asked him how he could be so hardened a villain.

"Please, Your Wor ship," entreated the man, "please be understanding. I was just trying to get a good one."

▶ magistrate : 치안판사(경범죄를 다루는 하급법관)
▶ hardened : 냉혹한
▶ villain : 악한
▶ Your Worship : (주로 영국에서) 치안판사 · 시장 등에 대한 경칭
▶ entreat : 탄원하다

어떤 아일랜드 사람이 여자 여섯 사람과 결혼한 것 때문에 치안판사 앞으로 불려 나온 적이 있었다. 사람이 어찌 하여 그토록 냉혹하고 악독할 수 있느냐고 판사는 물었다.

『나으리, 제발 잘 봐 주십시오. 그저 좋은 마누라 하나를 구하다 보니 이렇게 된 것입니다요』 하고 사내는 하소연했다.

224. 동(動)과 정(靜)

> While driving through an Indian reservation, the salesman was approached by a very lovely Algonquin maid who offered herself to him for fifty dollars.
>
> "That's a lot of money." he protested. "Do you know how much Manhattan Island cost? Only twenty-four dollars!"
>
> "True," she agreed, "but Manhattan Island just lies there."

▶ Indian reservation : (미국의) 인디언 보호구역
▶ Algonquin : 미국과 캐나다의 동부지역에 거주하던 알곤킨 인디언

인 디언 보호구역을 드라이브하던 세일즈맨에게 아주 귀엽게 생긴 인디언 처녀가 다가와서 50달러 주고 쉬었다 가라고 했다.

『거 너무 비싸잖아』라고 그는 항의했다. 『맨해턴 섬이 얼마였는지 알어? 겨우 24달러였다구.』

『그건 그래요. 하지만 맨해턴 섬이야 꼼짝 않고 가만 누워 있잖아요.』

225. 결 혼

Upon arriving at their new home, the groom carried his pretty bride over the threshold, dumped her onto the bed and switched on the television.

"After holding out on me until we got married," he said arrogantly, "I hope you don't mind waiting until the baseball game is over."

▶ groom : 신랑

▶ threshold : 문지방, 입구

▶ dump : 와르르 쏟아 버리다, 쾅 떨어뜨리다

▶ hold out : (속어)(마땅히 받을 것으로 기대하고 있는 것을) 주지 않고 기지고 있다, 최후까지 찬다.

▶ arrogantly : 오만하게

새 보금자리에 도착하자 신랑은 어여쁜 신부를 번쩍 들고 집으로 들어가더니 침대 위에 내던지고 TV를 켰다.

『우리가 결혼하는 날까지 기다리게 했으니 이 야구경기가 끝날 때까지 기다리는 것쯤 별것 아닐 테지』라고 신랑은 도도하게 한 마디 했다.

226. 미국식

A refugee couple arrived in the United States several years ago with one dream — to become citizens. Through much red tape, they were patient and hopeful. Then one day, the husband rushed into the kitchen with the long-awaited good news.

"Anna ! " he shouted. "At last ! We are Americans ! "

"Fine, " replied the wife, tying her apron around him. "Now you wash the dishes. "

▶ refugee : 난민
▶ red tape : 관료적 형식주의

여러 해 전 미국에 온 한 난민부부의 꿈은 오로지 미국 시민이 되는 것이었다. 엄청나게 번거로운 절차에도 불구하고 그들은 참을성과 희망을 잃지 않았다. 그러던 어느날 남편은 학수고대했던 그 희소식을 가지고 부엌으로 달려왔다.

『여보, 드디어 소식이 왔어요 우리는 이제 미국 사람이라구요』라고 그는 소리쳤다.

『잘됐군요』 하며 아내는 행주치마를 남편에게 입혔다. 『이제 당신이 설겆이를 하세요. 』

227 죄의 이유

Three cellmates in a Soviet hoosegow.

"I was jailed for coming late to work," mourned the first.

"Me? I came too early." recounted the second.

"They said this proved I was a capitalist spy."

"And I'm here," complained the third, "because I arrived exactly on time. They accused me of owning an American watch."

▶ cellmate : 교도소의 동료죄수
▶ hoosegow : (미국 속어) 교도소

소련 교도소 안의 세 죄수들.

『나는 직장에 늦게 출근한다고 해서 투옥됐어요』라고 한 사람이 한탄했다.

『나요? 너무 일찍 출근한다고 해서요』라고 둘째 죄수가 말했다. 『내가 자본주의의 첩자라는 것이 그것으로 입증되었다는군요.』

『그런데 난 제 시간에 출근한대서 잡혀왔어요』라고 남은 죄수가 말했다. 『미국제 시계를 소유하고 있는 것으로 기소 되었어요.』

228 호색(好色)

"Tom," Jim shook his head, "you are a married man. When are you going to settle down? You're always running around with women. Why don't you give it up? Try the quiet life. Give up girls."

"I once did."

"What happened?"

"It was the longest day I ever spent."

▶ settle down : 안정하다, 정착하다
▶ run around : (구어)(이성과) 교제하다

『여보게, 톰』하고 짐이 머리를 흔들었다.
『자넨 결혼한 몸이 아닌가. 언제쯤이면 정착을 할 셈인가. 여자들하고 노닥거리지 않는 날이라고는 단 하루도 없잖아. 어째서 그 생활을 청산하지 못하는 건가. 어디 좀 조용히 지내보게나. 여자들일랑 멀리하고……』

『전에 한 번 해 봤다네.』

『그랬더니 어떻던가?』

『내 평생에 그렇게 지겹게 하루를 보내본 적은 없었다네.』

유머人生 제 3 집

1995년 5 월 15일 인쇄
1995년 5 월 20일 발행

編　著　韓國經濟新聞社 出版部
發行人　朴　勇　正
發行處　韓國經濟新聞社
　　　　서울시　中區　中林洞　441
　　　　전 화 안 내 : (360) 4114
　　　　직통 : (313) 8293/(312) 0063
1967년 5월 15일　登錄　第2—315號
ISBN 89—475—2131—0

정가　4,500원

國家의 興亡盛衰

M. L. 올슨 著
崔 洸 譯
〈4×7판 / 334면 / 7,000원〉

한 나라의 흥망성쇠는 자본·노동·투자·저축 등의 경제적 변수보다 史的 사회변화과정에서 찾고 있다. 이 책은 강한 이익집단의 등장은 사회체제를 경직시켜 원활한 경제순환을 저해하고 결국 경제성장에 負의 영향을 미친다는 것이다.

메가트렌드 2000

J. 나이스비트 著
金弘基 譯
〈신국판 / 366면 / 8,000원〉

90년대는 정치개혁과 경이적인 기술혁신 등으로 지금까지와 전혀 다른 변화양상을 인류에게 줄 것이다. 이 책은 90년대의 변화로 경제호전, 예술의 번영, 시장사회주의의 출현, 복지국가의 쇠퇴 등 과거 어둡고 비관적인 세기말적 변화보다는 밝고 새로운 흐름을 부각시키고 있다.

마이크로코즘

조지 길더 著
韓榮煥 譯
〈신국판 / 458면 / 9,000원〉

인간이 개발한 최대 걸작품인 컴퓨터의 능력과 영향력은 어디까지 진보할 것인가? 이 책은 현대의 핵심기술인 컴퓨터·반도체의 발전과정과 미래에 전개될 마이크로칩의 기술혁명 그리고 경제에 미칠 파급효과를 예리하게 분석한 力著.

소리없는 戰爭

I. 매거지너·M. 패티킨 著
韓榮煥 譯
〈신국판 / 470면 / 9,000원〉

치열한 국제경쟁력에서 기업이 살아남기 위한 다양한 전략모델을 제시한 경영전략서. 이 책은 다양한 분야에서 미국과 경쟁관계에 있는 선진국·중진국의 경영성공 및 실패사례 분석과 정부·업계에 의한 공동기술개발전략을 심도있게 다루고 있다.

隨筆로 엮은 經濟學

B. 그레이브스 編著
朴炳鎬 編譯
〈신국판 / 450면 / 8,500원〉

세계 석학들이 발표한 명문의 경제수필 중에서 우리 실정에 맞는 62편을 선정, 우화나 실제 사례를 들어 경제학을 쉽고 재미있게 엮었다. 복잡한 수식이나 도표없이도 경제학의 意味로부터 역사에 이르기까지 강의식으로 기술하였다.

21세기 美國파워

조제프 S. 나이 著
朴魯雄 譯
〈신국판 / 270면 / 6,000원〉

미국은 과거의 영국이나 스페인처럼 그리고 오늘날의 소련처럼 몰락할 것인가? 이 책은 폴 케네디가 역사적 관점에서 미국의 쇠퇴를 전망한데 비해 본 저자는 과거와는 달라진 현대세계, 즉 정보화시대·상호의존성 등 현실에 바탕을 둔 세계 경제적 데이터와 함께 미국과 세계의 앞날을 새로운 시각에서 분석하였다.

끝없는 挑戰

高承濟 著
〈신국판 / 460면 / 8,000원〉

기업은 속성상 부단히 변화하고 현실에 능동적으로 적응하지 않으면 살아남을 수 없다. 이 책은 세계를 주름잡는 대기업들의 오늘이 있기까지 그 성장비결과 企業家 불굴의 인내와 집념 그리고 순간순간의 상황극복을 위한 성장배경·성장과정을 세계 90여 企業·企業家들을 추적 관찰·분석한 力著.

경영혁명

톰 피터스 著
盧富鎬 譯
〈신국판 / 820면 / 12,000원〉

정보화사회는 불확실성이 심화된 사회로 기업경영의 경기규칙과 새로운 경영스타일 등 생존을 위한 변화는 가히 혁명적이라 할 수 있다. 이 책은 전통적 사고에 도전하고 조직이 사람을 위해 존재할 수 있도록 변화를 유도하는 45가지 경영 실천전략을 제시한 기업경영자의 「비즈니스 핸드북」

유러퀘이크

D. 버스타인 著
孫一鉉 譯
〈신국판 / 488면 / 9,000원〉

탈냉전을 맞이하여 세계 경제질서의 새로운 구도와 대혁신은 어떻게 변모할 것인가? 이 책은 뉴욕타임즈 등 언론계에서 10년간 종사해온 필자가 수백명의 각국 저명인사와의 인터뷰를 통해 유럽통합으로 새국면을 맞이하고 있는 세계 경제질서의 변화과정과 앞으로의 전망을 심층분석한 力著.

株價추세선의 활용

禹春埴 著

〈4×6판 / 170면 / 3,000원〉

성공적인 주식투자를 보장받기 위해서는 주가추세선을 활용하는 과학적 투자기법이 선행되어야 한다. 이 책은 추세선을 활용하는 방법, 추세반전을 예고하는 주가모형, 추세강화를 예고하는 주가모형, 추세선의 기술적 분석 등 주가가 움직이는 방향을 미리 전망하도록 실전투자자를 위한 주식투자 지침서.

20세기를 움직인 思想家들

기 소르망 著

姜偉錫 譯

〈신국판 / 426면 / 8,000원〉

20세기 사상계에 결정적인 영향을 끼친 사람들은 과연 누구인가? 프랑스의 저명한 경제학자이자 사회학자인 기 소르망이 29명의 생존해 있는 현대 최고의 사상가들과 직접 인터뷰를 통해 그들 자신이 선택한 분야에 전생애를 바친 사상과 사색의 놀라운 통찰을 기록·정리한「살아있는 도서관」.

리더企業의 興亡

올웨이즈연구회 編

尹勇喆·李知英 共譯

〈신국판 / 184면 / 4,000원〉

기업의 시장리더는 과연 존재하는가? 리더가 패배하는 조건은 무엇인가? 기업의 장기적 성장논리는 무엇인가? 이 책은 시장셰어 변동에 대한 리더기업의 흥망 또는 기업성장의 논리를 경쟁대항전략·다각화전략 관점으로 분석. 경영자원의 효율적 활용방안을 새모델로 제시하고 있다.

成功發想의 열쇠 10가지

D. 웨이트리 著

金聖淑 譯

〈신국판 / 286면 / 6,000원〉

사람은 누구나 성공하거를 갈망한다. 행동과학에 바탕을 둔 이 책은 읽는 바로 그 순간부터 마음의 양식이 되어 참신한 아이디어를 여러분께 제공할 것이다. 이 책은 단순논리를 사실과 진실을 통해 살아있는 성서의 지혜나 의학의 새로운 발견에 따른 성공을 위한 10가지 기본원칙을 심도있게 분석·관찰한 자기계발 지침서.

일본식 經營

李奉珍 著

〈신국판 / 490면 / 8,000원〉

기업이 성장·발전하려면 타기업에 앞서는 시장동태와 시장수요에 대응할 수 있는 경영기법이 요구된다. 이 책은 일본의 소규모 기업이 세계적인 글로벌 비즈니스로 성장하기까지의 기업진화 과정에서 취했던 경영비법과 노하우에 대한 실제적 모습을 저자가 직접 체험을 통해 소개한 일본식 경영 안내서.

제5세대 經營

찰스 새비지 著

高柄國 譯

〈신국판 / 358면 / 8,000원〉

산업시대에서 지식시대로의 전환과정에서 기업이 나아갈 새방향을 재정립한 기업경영 지침서. 미국의 저명한 경영 컨설턴트인 저자는 이 책에서 급변하는 시대에 살아남기 위해서는 산업시대의 사고방식인 계층형 조직을 타파하고 휴먼 네트워킹에 의한 기업의 통합화를 설득력 있게 전개하고 있다.

中國 현대화의 野望

馬　洪 著

申泰煥 監譯

〈신국판 / 482면 / 9,000원〉

세계 인구의 5분의 1을 차기하고 있는 중국이 폐쇄적인 사회주의 노선에서 개방적인 현대화 노선을 추구하고 나섰다. 이 책은 중국적 특색의 사회주의 현대화 정책 노선을 지향하고 그동안 개방화에서 경험한 긍정적·부정적 측면을 토대로 중국 사회주의경제 현대화의 배경, 노선, 전망 등을 심도있게 연구·분석한 경제정책서.

强大國의 大戰略

폴 케네디 編著

孫一鉉 譯

〈신국판 / 302면 / 6,000원〉

이 책은 주로 유럽 강대국들이 겪어온 경험사례 중 경제·정치·군사적 목표를 달성하기 위하여 사용된 대전략의 성공과 실패에 관한 평가를 심도있게 다루고 있어 미래의 정책방향을 설정하고 국가 안보상의 목표를 위해 장·단기적 국가전략 운영을 어떤 방법으로 슬기롭게 펼칠 것인가 등의 정책대안을 제공해 줄 것이다.

미래의 經營

로버트 B. 터커 著
金朱洙 譯
〈신국판 / 252면 / 5,000원〉

이 책은 1990년대 기업환경을 결정지을 추세에 대한 예리한 통찰로 가득차 있다. 이 책은 90년대의 대표적 시대추세를 스피드화, 편의화, 연령층의 변화 물결, 다양화, 생활양식의 변화, 가격할인, 가치부가, 대고객 서비스, 기술우위, 품질중시라는 10대 추세로 대표된다고 지적하고 이들의 예시와 대응방법을 제시하고 있다.

高溫超電導

田中昭二 編著
成台鉉 譯
〈신국판 / 234면 / 5,000원〉

초고속의 자기부상열차, 손실없는 전력저장장치 및 전력송전 등 인간이 꿈에 그리던 일이 현실로 다가서고 있다. 이 책은 초전도연구의 세계적 기관으로 떠오른 일본의 「초전도 공학연구소」 연구원들이 최신 연구성과를 바탕으로 21세기를 주도할 신비의 물질 고온초전도 전반을 쉽게 설명했다.

變革의 순간을 잡아라

리처드 닉슨 著
李耕一 譯
〈신국판 / 352면 / 8,000원〉

세계 냉전체제 이후 지각변동을 일으키고 있는 세계 권력구조에 대해 분석·고찰한 닉슨 前미국 대통령의 力著. 이 책은 탈냉전 이후 세계 유일 초강대국으로 부상한 미국이 「정의로운 평화」를 위한 신세계질서 구도와 함께 그 역할에 관해 심층분석한 닉슨 생애의 아홉번째 화제작.

未來企業

피터 F. 드러커 著
高柄國 譯
〈신국판 / 416면 / 8,000원〉

우리 시대의 가장 뛰어난 사회·경영학자이자 미래학자인 드러커의 「변혁시대 기업생존전략 연구서!」 이 책은 세계경제가 빠르게 바뀌어 감에 따라 기업의 새로운 생존 경영전략 모델, 즉 기업이 살아남기 위한 5가지 변화조건을 예리하게 분석·고찰했다. 특히 사회·경제학 시각에서 세계경제 흐름을 통찰한 力著.

日本經濟의 構想

田中直毅 著
金淳鎬 譯
〈신국판 / 354면 / 7,000원〉

세계적인 냉전체제와 더불어 점차 쇠퇴조짐을 보이고 있는 미국을 대신해 국제무대에서의 주역을 꿈꾸는 일본. 이 책은 20세기 최후의 10년을 분수령으로 보고 21세기를 향해 엔(円)화를 세계 최강의 통화로 부상시키기 위해 새로운 경제구상을 도모하고 있는 일본의 경제전략과 야망을 심층 해부했다.

成長株·成長企業

高聖洙 著
〈신국판 / 398면 / 7,000원〉

증권시장의 개방으로 시장환경은 물론 성장기업이나 성장주의 개념도 크게 바뀌고 있다. 이 책은 기업의 시장변화에 따른 적응전략, 소비형태 및 개방경제하에서의 성장전략 그리고 성장주의 변천과 그 전망을 밀도있게 분석했다. 특히 경기순환상에서 성장기업·成長株의 진단·판별력과 투자기법을 새로운 시각에서 다루었다.

韓半島統一과 經濟統合

安斗淳 著
〈신국판 / 260면 / 5,000원〉

독일은 통일된 후 2년이 훨씬 지난 지금까지 실업증가와 기업도산, 단축조업 등 경제적 후유증에 시달리고 있다. 이 책은 통일독일이 겪고 있는 경험들을 토대로 한반도 통일에 대비해 우리의 시장경제와 북한의 계획경제와의 통합시 격어야 할 단계와 부작용의 최소화 방안 등을 경제적 측면에서 조망했다.

지구의 위기

도넬라 H. 메도우즈外 共著
黃建 譯
〈신국판 / 354면 / 7,500원〉

현재와 같은 추세로 인구·산업화·공해·자원고갈 등의 문제가 지속된다면 지구는 돌이킬 수 없는 파국을 맞게 될 것이다. 이 책은 이와 같은 미래전망에 우리가 도전하기만 한다면 물질적·사회적·생태학적으로도 문제가 없는 사회를 이룩할 수 있음을 13개 시나리오로 미래의 지구를 조망한 力著.

韓國式 경영

李奉珍 著
〈신국판 / 382면 / 7,000원〉

우리의 국제경쟁력을 제고하는 최상의 방안은 한국의 문화전통을 기본 축으로 한 경영방식이라고 역설한 力著. 이 책은 우리나라의 문화가 기술과 경제의 교착관계 속에서도 놀라운 적응력을 보여주는 일본과 유사한 점이 많다는 것을 지적, 「일본식 경영」과 같은 맥락에서 「한국식 경영」을 구체적으로 분석·적시한 기업경영 지침서.

複合不況

宮崎義一 著
梁浚容 譯
〈신국판 / 270면 / 5,500원〉

美·日 등 선진국을 중심으로 한 80년대 금융자유화 조치는 금융기관들의 치열한 경쟁을 유발, 버블에 따른 연쇄도산이라는 새유형의 불황을 초래했다. 이 책은 버블경제의 형성, 팽창, 붕괴의 과정 등 선진국에서 동시 다발적으로 일어난 버블현상의 배경과 특히 일본경제의 붕괴 메커니즘을 실증적으로 분석·진단했다.

독일연방은행

데이비드 마쉬 著
辛相甲 譯
〈신국판 / 420면 / 8,000원〉

유럽통화협정의 수호자이자 유럽 전반의 극적 변화에 절대적 영향력을 미치는 독일연방은행이 맡은 정치적·경제적 역할의 전모를 파헤친 실체. 이 책은 독일연방은행이 어떻게 운영되고 어떤 인맥으로 구성된 사람들이 움직이는가 그리고 나치정권과의 미묘한 관계 등 금융기관 특유의 베일을 현직 저널리스트가 리얼하게 조망했다.

管理職의 위기

제임스 R. 엠쇼프外 共著
李仁世 譯
〈신국판 / 306면 / 6,000원〉

종업원과 기업의 가치관, 신념, 태도, 기대수준이 바뀌어 이를 정확히 파악하지 못하면 조직에서 살아남기 어렵다. 이 책은 기업조직에서 더욱더 요구하는 경험축적 4가지 유형, 즉 부하관리, 고객관리, 리더십, 리스크관리의 경험법칙을 분석·소개하고 조직의 수평화시대에 맞는 차별화전략을 체계있게 정리한 조직관리자의 필독서.

비밀帝國

자네트 로우 著
李大桓 譯
〈신국판 / 314면 / 6,000원〉

최근들어 국가의 권한을 능가하는 또다른 권위의 주체들이 급부상하고 있다. 이 책은 속칭 「비밀帝國」으로 일컬어지는 「거대다국적기업」의 가공할 권력의 실체를 추적·분석한 力著. 특히 自社의 확장을 위해 지역·인종·국가를 초월 무차별적인 거대다국적기업군의 행태연구를 통해 세계경제와 기업세계의 판도변화를 예측했다.

장기전략계획

趙東成·李光賢 共著
〈신국판 / 258면 / 5,000원〉

장기전략계획이란 기업이 추구하는 목표를 달성하기 위해 여러 사람이 힘을 합하는 시스템이다. 이 책은 어느 한 개인이 아닌 기업 구성원 모두가 어떤 역할과 과정을 통해 뜻을 모으고 힘을 합쳐 계획을 입안·수립하는 방법론을 제시하고 있다. 특히 장기전략계획의 수립방법에서 절차 및 시행까지 일목요연하게 다룬 기업경영 실무서.

21세기 준비

폴 케네디 著
邊道殷·李曰洙 譯
〈양장 / 500면 / 9,000원〉

우리에게 충격을 던졌던 「강대국의 흥망」 저자 폴 케네디 교수가 다가올 21세기 문명세계의 각종 위기를 명쾌히 분석·정리한 力著. 이 책은 향후 30년 사이 우리에게 닥칠 도전들과 그 대응방법 그리고 인구폭발, 환경오염, 생물공학, 로봇, 통신수단, 가공할 파워의 양태 등을 특유의 통찰력으로 분석·예견하고 있다.

국제산업스파이

피터 슈바이처 著
黃建 譯
〈신국판 / 420면 / 8,000원〉

脫냉전 종식이후 정치·군사첩보전이 경제·기술첩보전으로 옮겨가면서 기업체의 산업첩보활동이 크게 강조되고 있다. 이 책은 일본·독일·한국·이스라엘 등 세계 각국이 미국 기업체와 연방정부를 상대로 펼친 경제첩보활동을 연대순으로 파헤친 실화물이다. 특히 企業의 첩보부서 설립의 필요성과 기업스파이 활동을 박진감있게 다루었다.

71 市場調査分析 입문 朴基岸·丁雄夏 共著 〈168면 / 2,000원〉	89 호텔經營 입문 申鉉柱 著 〈158면 / 2,000원〉
72 統計와 그 活用 郭昌權 著 〈283면 / 3,000원〉	90 勞使協商戰略 李達坤 著 〈172면 / 2,200원〉
73 産業構造의 知識 李相鎬 著 〈200면 / 2,400원〉	91 不動産鑑定評價 李源俊 著 〈222면 / 2,500원〉
74 資源經濟 입문 崔基鍊 著 〈208면 / 2,500원〉	92 債券投資의 知識 金昇佑 著 〈148면 / 2,000원〉
75 現代社會와 리스크管理 李京龍 著 〈198면 / 2,400원〉	93 原子力産業의 理解 田載豊 著 〈170면 / 2,300원〉
76 信用카드 이야기 金文煥 著 〈196면 / 2,400원〉	94 韓國의 租稅政策 李鎭淳 著 〈240면 / 2,500원〉
77 데이터뱅크 이야기 鄭寅根 著 〈154면 / 1,900원〉	95 담보와 보증 李源俊·朴相宗 共著 〈176면 / 2,500원〉
78 地方自治와 地方財政 吳然天 著 〈184면 / 2,200원〉	96 銀行마케팅 趙泰玄 著 〈172면 / 2,500원〉
79 技術協力 이야기 林陽澤 著 〈137면 / 1,700원〉	97 정보·통신시스템의 理解 安重鎬 著 〈216면 / 2,500원〉
80 經營計劃 입문 郭秀一 著 〈162면 / 1,900원〉	98 人的資源 회계정보 李正道 著 〈180면 / 2,500원〉
81 經營리스크와 企業保險 宋 一 著 〈182면 / 2,200원〉	99 關稅의 상식 李性爕 著 〈162면 / 2,500원〉
82 海洋資源의 知識 許亨澤 著 〈172면 / 2,000원〉	100 벤처 캐피틀의 理解 高聖洙 著 〈196면 / 2,500원〉
83 産業工學 입문 朴京洙 著 〈200면 / 2,400원〉	101 設備投資와 設備金融 姜日圭·元鍾根 共著 〈198면 / 2,500〉
84 生産戰略 입문 李慶煥 著 〈152면 / 1,800원〉	102 地方自治會計 曹廷煥 著 〈172면 / 2,500원〉
85 現代企業 입문 朴基贊 著 〈184면 / 2,200원〉	103 技術經營의 길잡이 金一龍·任德淳 共著 〈184면 / 2,500원〉
86 職能資格制度의 理解 朴俊成 著 〈170면 / 2,000원〉	104 이미지 마케팅 韓一洙 著 〈192면 / 2,500원〉
87 EC의 經濟·市場統合 金世源 著 〈190면 / 2,400원〉	105 제2금융권 이야기 李弼商·鄭光夏 共著 〈170면 / 2,500원〉
88 經濟成長 이야기 金洙權 著 〈172면 / 2,200원〉